박나리 저

시사일본어사

머리말

여러분 알고 계세요?
한국인이 가장 배우기 쉬운 언어는? **일본어**
세계에서 인구 대비 일본어 학습자 최다 보유국은? **한국**
세계에서 일본어를 가장 잘하는 사람들은? **한국인**
하지만 잘하는 사람도 많은 반면 엉터리도 많다는 사실!

저는 일본어 각 분야의 전문가 선생님들이 이렇게 말하는 것을 종종 듣습니다.

회화반 선생님 왈...
  '그 학생은 단어는 많이 알고 있는데 조사랑 문법 활용이 자꾸 틀려서인지 말은 길게 하는데
  무슨 얘기를 하려고 하는지 잘 모르겠어요.'
  왜? 이 학생은 의사전달이 안 되는 걸까요?

독해반, 시험반, 청취반 선생님 왈...
  '그 학생은 한자도 많이 알고 일본 드라마를 많이 봐서 그런지 일본어를 잘하는 것처럼 보이긴
  하는데 시험 문제만 풀면 점수가 낮아요.'
  왜? 이 학생은 시험 점수가 낮은 걸까요?

문제는 문법입니다. 문법이 맞지 않는 회화는 단어 나열에 불과하죠.
  문법이 맞지 않는 일본어는 고급스럽게 들리지 않기 때문에 몇 년 동안 회화 공부를 해도 회화가
  서툴게 들리기 마련이죠.
  문법을 모르면 당연히 시험 점수는 낮답니다. 시험에 필요한 독해도 청취도 다 문법과 관련되어 있기
  때문이에요.

그럼, 문법을 정말 오랫동안 배웠는데 **왜? 문법을 자꾸 틀리는 것일까요?**
잘못된 문법을 배워서 일까요?
아니요, 제대로 된 문법을 배우긴 했지만 문법을 너무 토막토막 배운 나머지, 전체의 흐름을 이해하지
못했기 때문이랍니다.
그럼 이 지긋지긋한 문법을 내 머릿속에 확실하게 각인시켜서
진정한 회화의 강자, 독해의 강자, 문제풀이의 강자가 되려면 어떻게 해야 할까요?
나리쌤의 플러스 알파 일본어 문법책과 함께 하시면 돼요.
지금까지 출판되었던 문법책과는 완전 다릅니다.
뉴일부이의 문법 비법을 여러분께 공개합니다.
수많은 학생을 문법의 강자로 키워낸 노하우입니다.
할 수 있다는 자신감과 이 문법책과 여러분을 지도해 주시는 선생님에 대한 믿음만 준비해 주세요.
문법의 최강자는 바로 여러분이 될 것 입니다.

저자
박 나리

이 책의 구성

모든 일은 순서가 매우 중요합니다. 일본어 학습에서도 어떤 순서대로 공부하느냐에 따라 이해속도가 달라집니다.
나리쌤의 플러스 알파 일본어 문법책은 체계적인 순서를 자랑합니다.
교과서에 실린 순서대로 따라오시면 자신도 모르는 사이에
어느 덧 문법은 여러분의 마음 속에 들어 와 있을 겁니다

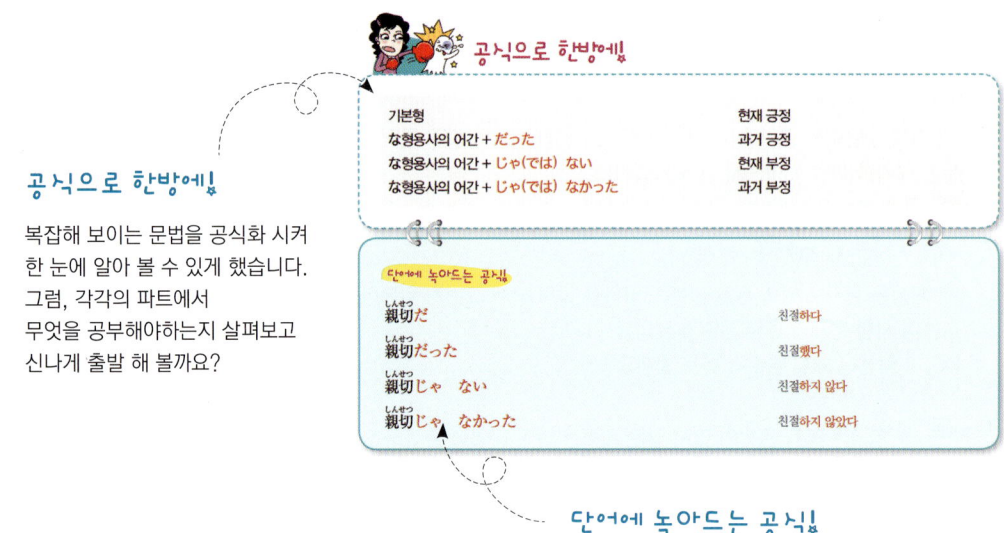

공식으로 한방에!

복잡해 보이는 문법을 공식화 시켜
한 눈에 알아 볼 수 있게 했습니다.
그럼, 각각의 파트에서
무엇을 공부해야하는지 살펴보고
신나게 출발 해 볼까요?

단어에 녹아드는 공식!

공식으로 한방에! 파트에서 익힌 문법을
단어에 적용 시켜 봅니다.
다양한 단어에 적용시켜 보는 연습을 통해
문법을 확실하게 내 것으로 만들어 보세요.

1. 다음 보기와 같이 い형용사의 반말체(보통체)를 일본어로 써 보세요.

단어	의미		い형용사의 반말체 (보통체)
《보기》 美味しい	맛있다	맛있다	美味しい
難しい	어렵다	어렵지 않다	
忙しい	바쁘다	바빴다	
暑い	덥다	덥지 않았다	
悪い	나쁘다	나빴다	
近い	가깝다	가깝지 않다	
遅い	느리다	느리다	

확인 도장 꾸~욱!

전단계에서 익힌 문법을 이용해서
현재형, 부정형, 또는 과거형 등으로
만들어 볼 수 있게 했습니다.
이 연습을 통해 부정도 과거도 자유롭게
표현 할 수 있는 여러분이 되실 겁니다.

술술 말문이 트이는 문장 연습

① A : 日本語は 面白い? 일본어는 재미있니?
　B1 : うん、面白い。 응, 재미있어.
　B2 : ううん、面白く ない。 아니, 재미없어.
② 天気が よく ない。 날씨가 좋지 않다.
③ テストは とても 難しかった。 시험은 너무 어려웠다.
④ 日本料理は 全然 辛く なかった。 일본요리는 전혀 맵지 않았다.

술술 말문이 트이는 문장 연습!

이 파트에서는
실제로 문장을 만들어 보며
응용할 수 있게 했습니다.
문장이 술술 만들어 진다면
이제 회화도 독해도 문제 풀이도
청취도 문제없답니다.

 日本語 재미있다　面白い 재미있다　天気 날씨　難しい 어렵다　料理 요리　全然 전혀
辛い 맵다

실력 쑥쑥 문제가 떴다!

한 과에서 익혀 본 내용을
다시 한 번 다양한 문제를 통해
확실하게 체크 하고
넘어갈 수 있게 했습니다.
실력 쑥쑥 문제가 떴다! 의 문제가
술술 풀린다면
여러분은 이제 진정한
문법의 달인이 되신 것이랍니다!

실력 쑥쑥 문제가 떴다!

다음 밑줄 친 부분의 우리말을 일본어로 바르게 옮긴 것을 고르세요.

(1) この 人は 友だちの 中で 一番 성실한 人です。
　① 真面目だ　　　② 真面目の
　③ 真面目な　　　④ 真面目

(2) 子供の 時 勉強が 좋아하지 않았습니다。
　① 好きでした
　② 好きじゃ ありませんでした
　③ 好きです
　④ 好きだった

(3) あの 店は あまり 친절하지 않은 店です。
　① 親切な
　② 親切だった
　③ 親切じゃ ない
　④ 親切じゃ なかった

(4) 本当に 유감이었어!
　① 残念だ　　　② 残念だった
　③ 残念な　　　④ 残念です

차례

Part 1 반말을 이용하자. 10

제1장 명사와 대명사   13

명사의 공손체 ~입니다   14

명사의 반말체 (보통체) ~이다   16

명사가 명사를 꾸며 줄 때   19

제2장 な형용사   25

な형용사의 공손체
~ㅂ니다   26

な형용사의 반말체 (보통체)
~하다   28

な형용사가 명사를 꾸며 줄 때   31

제3장 い형용사   37

い형용사의 공손체
~ㅂ니다   38

い형용사의 반말체 (보통체)
~하다   41

い형용사가 명사를 꾸며 줄 때   44

제4장 동사   49

동사의 그룹 나누기
[공손체를 만드는 준비1]   50

동사의 **ます**형
[공손체를 만드는 준비2]
~ㅂ니다   51

동사의 공손체
~ㅂ니다   52

동사의 **ない**형 (반말체)
~하지 않다 [반말체를 만드는 준비 1]   59

동사의 **た**형
~했다 [반말체를 만드는 준비 2]   62

동사의 반말체 (보통체)
~하다   65

동사가 명사를 꾸며 줄 때   69

제5장 반말체 (보통체)에 붙는 문형　75

- 반말체(보통체)에 접속하는 문형 Ⅰ　76
- 반말체(보통체)에 접속하는 문형 유형 Ⅱ　81
- 반말체(보통체)에 접속하는 문형 유형 Ⅲ　85
- 반말체(보통체)에 접속하는 문형 유형 Ⅳ　91

제6장 て형과 て형에 접속되는 문형　99

て형 만드는 방법
~(하)고, ~(해)서　100

~て ください
~해 주세요, ~하세요 〈부탁, 지시〉　103

~て いる
~하고 있다, ~되어 있다 〈진행, 상태, 습관〉　104

~て ある
~(해)져 있다, ~해 놓았다 〈타동사의 상태〉　108

~て おく
~해 두다, ~해 놓다 〈준비〉　110

~て みる
~해 보다 〈경험, 시도〉　111

~て しまう
~해 버리다, ~하고 말다 〈완료, 유감〉　112

~て くる
~해 오다, ~되어 오다 〈이동〉　113

~て いく
~ 가다, ~되어 가다 〈이동〉　114

~ても いい
~해도 된다 〈허가〉　115

~ては いけない
~하면 안 된다 〈금지〉

~て ほしい
~해 주길 바란다, ~해 주면 좋겠다 〈희망〉　116

제7장 동사의 た형에 접속되는 문형　123

~た ことが ある
~한 적이 있다 〈과거 경험〉　124

~た ばかりだ
~막 ~하다, ~한 지 얼마 안 되다
〈완료된 지 얼마 안 됨〉　125

~た ほうが いい
~하는 편이 좋다 (낫다) 〈충고, 조언〉　126

~たり ~たり する
~하기도 하고 ~하기도 한다 〈열거〉　127

~たら
~하면 〈가정, 조건〉　128

Part 2 5단을 이용하자. 134

제8장 동사의 あ단을 이용하자 137

동사의 ない형 + ないで
~지 않고, ~지 말고 138

동사의 ない형 + ないで ください
~지 말아 주세요 139

동사의 ない형 + なくても いい
~지 않아도 된다 140

동사의 ない형 + なければ ならない
~지 않으면 안된다, 꼭 ~해야 한다 141

동사의 ない형 + れる/られる
~함을 당하다, ~하여지다 142

동사의 ない형 + せる/させる
~시키다, ~하게 하다 〈사역형〉 146

동사의 ない형 + せられる/させられる
~에게 ~을 시킴을 당하다, 어쩔 수 없이 ~하다
〈사역 수동형〉 150

제9장 동사의 い단을 이용하자 157

동사의 ます형 + たい
~하고 싶다 158

동사의 ます형 + に
~하러 160

동사의 ます형 + ながら
~하면서 162

동사의 ます형 + 方(かた)
~하는 법 163

동사의 ます형 + やすい/にくい
~하기 쉽다, ~하기 편하다, ~하기 좋다
/ ~하기 어렵다 164

동사의 ます형 + 始(はじ)める/終(お)わる
~하기 시작하다 / 다 ~하다 165

동사의 ます형 + なさい
~하세요, ~하시오, ~해요 166

동사의 ます형 + すぎる
너무 ~하다, 지나치게 ~하다 167

~そうだ
~일 것 같다, ~해 보인다 〈예상〉 168

제10장 동사의 う단을 이용하자 177

동사의 기본형 + ことが できる
~을 할 수 있다 178

동사의 기본형 + ことに する
~하기로 하다 179

동사의 기본형 + ことに なる
~하게 되다 180

동사의 기본형 + ように する
~하도록 하다 181

동사의 기본형 + つもりだ
~할 작정이다, ~할 생각이다 182

동사의 기본형 + 予定(よてい)だ
~할 예정이다 183

동사의 기본형 + ように なる
~하게 되다 184

동사의 기본형 + と
~면 〈필수 조건〉 186

제11장 동사의 え단을 이용하자　191

명령형
~해(라)　192

가능 동사
~할 수 있다　193

~ば
~면 〈조건〉　196

제12장 동사의 お단을 이용하자　203

~う(よう)
~하자, ~하겠다　204

~う(よう) + と 思(おも)う
~하려고 생각하다　206

제13장 수수표현　209

あげる / さしあげる
주다 / 드리다　210

~て あげる / ~て さしあげる
~해 주다 / ~해 드리다　212

くれる / くださる
주다 / 주시다　214

~て くれる / ~て くださる
~해 주다 / ~해 주시다　216

もらう / いただく
받다 / 하사받다(받다)　218

~て もらう / ~て いただく
~해 받다(해 주다)
/ ~해 하사받다(~해 주시다)　220

제14장 존경과 겸양표현　225

존경 표현
~하시다　226

お + 동사의 ます형 + ください /
お(ご) + する가 붙는 명사 + ください
~해 주세요　230

겸양어
~하다, ~해 드리다　232

부록　237

확인도장 꾸욱 & 실력 쑥쑥 문제가 떴다임 정답

Part 1

반말을 이용하자.

전 세계적으로 가장 많이 보급되어 있는 일본문화가 만화와 게임이다 보니 학습자들은 만화와 게임에서 주로 사용되는 반말과 명령어들을 빨리 구사하고 싶어합니다.
하지만 우리가 반말체 또는 보통체라고 하는 이 표현들을 빨리 배워야 하는 가장 큰 이유는 친구끼리 반말로 이야기하기 위해서, 또는 만화에 나오는 대사를 이해하기 위해서 보다는 반말체에 접속되는 여러 가지 문형을 이해하고 구사하기 위해서랍니다.
그럼, 반말체를 이용한 다양한 표현들을 자세히 살펴 볼까요?

제 1 장

명사와 대명사

명사란!
박나리(사람 이름) · 자동차(물건 이름) · 7(숫자) · 이것(지시대명사) · 누구(의문대명사) 등의 단어들은 전부 명사랍니다. 이제부터 일본어의 명사는 어떤 활동을 하는지 함께 살펴 볼까요?

명사 단어의 구성	
かんこくじん **韓国人**	한국인

제1장 01 명사의 공손체
～입니다

[저는 한국인입니다. → 私は 韓国人です。]

위의 문장은 본인이 한국인이라는 것을 공손하게 말하고 있습니다. 이렇게 공손하게 말하고 싶을 때 쓰는 표현이 바로 공손체랍니다. 명사의 공손체는 [현재 긍정 / 과거 긍정 / 현재 부정 / 과거 부정] 이렇게 네 가지로 분류됩니다.

 공식으로 한방에!

명사 + です	현재 긍정
명사 + でした	과거 긍정
명사 + じゃ(では) ありません	현재 부정
명사 + じゃ(では) ありませんでした	과거 부정

 「～では ありません」은 조금 딱딱한 느낌이 들기 때문에 문장체에서 많이 쓰이며, 회화체에서는 주로 「～じゃ ありません」을 사용한답니다.

 단어에 녹아드는 공식!

韓国人です	한국인입니다
韓国人でした	한국인이었습니다
韓国人じゃ ありません	한국인이 아닙니다
韓国人じゃ ありませんでした	한국인이 아니었습니다

확인도장 꾸~욱!

다음 보기와 같이 명사의 공손체를 일본어로 써 보세요.

단어	의미		명사의 공손체
〈보기〉 休(やす)み	휴일	휴일이었습니다	休(やす)みでした
一時(いちじ)	1시	1시가 아닙니다	
週末(しゅうまつ)	주말	주말입니다	
本(ほん)	책	책이 아니었습니다	
五万円(ごまんえん)	오만 원	오만 원이었습니다	
誰(だれ)	누구	누구입니까?	

술술 말문이 트이는 문장 연습

❶ 私(わたし)(は) 会社員(かいしゃいん)です。   저는 회사원입니다.
　✿ は - '~은/는'이라는 뜻으로 주격 조사예요.

❷ 彼(かれ)は 私(わたし)(の) 恋人(こいびと)じゃ ありません。   그 사람은 제 애인이 아닙니다.
　✿ の - '~의'라는 뜻의 소유격 조사예요.

❸ 昨日(きのう)は 何曜日(なんようび)でしたか。   어제는 무슨 요일이었습니까?

❹ いいえ、約束(やくそく)は 三時(さんじ)じゃ ありませんでした。
　　　　　　　　　　　　　　　　　아니요, 약속은 3시가 아니었습니다.

会社員(かいしゃいん) 회사원　彼(かれ) 그, 그 사람　恋人(こいびと) 애인　昨日(きのう) 어제　何曜日(なんようび) 무슨 요일　約束(やくそく) 약속
三時(さんじ) 3시

제1장 02 명사의 반말체(보통체)
~이다

[나 한국인이야. → 私は 韓国人だ。]

반말체란, 친구끼리나 허물없는 사이에서 말할 때 쓰는 표현입니다. 일본어에서는 반말체에 여러 가지 문형을 연결하여 다양한 표현으로 활용하기 때문에 잘 익혀두어야 한답니다.
반말체(보통체)는 공손체와 동일하게 네 가지로 나뉘며, 각각의 공손체에 대응되는 반말체(보통체)가 하나씩 있으니까, 함께 기억해 두세요.

 공식으로 한방에

명사 + だ	현재 긍정
명사 + だった	과거 긍정
명사 + じゃ(では) ない	현재 부정
명사 + じゃ(では) なかった	과거 부정

 단어에 녹아드는 공식

韓国人だ	한국인이다
韓国人だった	한국인이었다
韓国人じゃ ない	한국인이 아니다
韓国人じゃ なかった	한국인이 아니었다

▶ 공손체와 반말체(보통체)의 관계

〈현재 긍정〉	韓国人です	→	韓国人だ
〈과거 긍정〉	韓国人でした	→	韓国人だった
〈현재 부정〉	韓国人じゃ ありません	→	韓国人じゃ ない
〈과거 부정〉	韓国人じゃ ありませんでした	→	韓国人じゃ なかった

확인도장 꾸~욱!

1. 다음 보기와 같이 명사의 반말체(보통체)를 일본어로 써 보세요.

단어	의미		명사의 반말체(보통체)
〈보기〉 学生(がくせい)	학생	학생이었다	学生(がくせい)だった
心配(しんぱい)	걱정	걱정이다	
これ	이것	이것이 아니다	
時計(とけい)	시계	시계가 아니었다	
警察官(けいさつかん)	경찰관	경찰관이다	
夏(なつ)	여름	여름이었다	

2. 다음 보기와 같이 명사의 공손체를 반말체(보통체)로 고쳐 보세요.

단어	의미	공손체	반말체(보통체)
〈보기〉 夏(なつ)	여름	夏(なつ)です	夏(なつ)だ
休(やす)み	휴일	休(やす)みじゃ ありませんでした	
十時(じゅうじ)	10시	十時(じゅうじ)でした	
携帯電話(けいたいでんわ)	휴대전화	携帯電話(けいたいでんわ)です	
服(ふく)	옷	服(ふく)じゃ ありません	
風邪(かぜ)	감기	風邪(かぜ)でした	
コーヒー	커피	コーヒーでした	
病気(びょうき)	병	病気(びょうき)です	

술술 말문이 트이는 문장 연습

❶ A : 今日は 休み?　　　　　　　　　　오늘은 휴일이니?

　✿ だ – 원래 명사의 보통체에는 「だ」를 붙여야 하지만, 질문을 하는 경우에는 「だ」를 떼고 그냥 억양만 올려 읽습니다. 그리고 나서 맨 끝에 물음표를 붙이면 됩니다.

　B1 : うん、休み。　　　　　　　　　　응, 휴일이야.

　B2 : ううん、休みじゃ ない。　　　　아니, 휴일이 아니야.

❷ 彼は 昔 先生だった。　　　　　　　그 사람은 옛날에 선생님이었다.

❸ これは 私の じゃ ない。　　　　　　이것은 내 것이 아니다.

　✿ 여기서 の 는 '~의 것'을 뜻하는 조사예요.

❹ ううん、デパートは セールじゃ なかった。

　　　　　　　　　　　　　　　　　　　아니, 백화점은 세일이 아니었다.

今日 오늘　　休み 휴일, 휴가　　うん 응　　ううん 아니　　昔 옛날

デパート 백화점　　セール 세일

▶ 조사 「の」의 여러 가지 역할

① 日本語の 先生　일본어 선생님 〈동사를 대용하는 의미〉

② 私の 本　나의 책(내 책) 〈소유〉

③ 私の　나의 것(내 것) 〈준체 동사(앞에 나온 명사를 반복하고 싶지 않을 때 쓰임)〉

④ 時事日本語学校の パク　시사일본어 학교의 박 〈소속〉

⑤ 友だちの 金さん　친구인 김 〈동격〉

⑥ 子供の 時　어렸을 때 〈시간〉

제1장 03 명사가 명사를 꾸며 줄 때

[휴일 날은 온종일 잡니다. → 休みの 日は 一日中 寝ます。]

'휴일'이라는 명사가 '날'이라는 명사를 꾸며 주듯이, 명사는 명사를 꾸며 주는 역할을 한답니다. 위의 문장에서처럼 이때 바로 명사의 반말체가 활용된다는 것, 꼭 기억하세요!

 공식으로 한방에

명사 + ~~だ~~ の + 명사	현재 긍정
명사 + だった + 명사	과거 긍정
명사 + じゃ(では) ない + 명사	현재 부정
명사 + じゃ(では) なかった + 명사	과거 부정

* 현재형에서 명사가 명사를 꾸며 줄 때는 「だ」가 「の」로 바뀐다는 사실을 꼭꼭 기억하세요!.

단어에 녹아드는 공식

休みの 日	휴일 날
休みだった 日	휴일이었던 날
休みじゃ ない 日	휴일이 아닌 날
休みじゃ なかった 日	휴일이 아니었던 날

확인도장 꾸~욱!

다음 보기와 같이 명사가 명사를 꾸며 줄 때를 일본어로 써 보세요.

단어	의미		명사 + 명사
〈보기〉 子供(こども)	어린이	어렸을 때	子供(こども)の とき
休(やす)み	휴일	휴일이었던 회사	
風邪(かぜ)	감기	감기일 때	
病気(びょうき)	병	병이 아니었을 때	
25歳(さい)	25세	25살 때	
高校生(こうこうせい)	고등학생	고등학생이 아닌 사람	

술술 말문이 트이는 문장 연습

❶ こちらは 日本産業(にほんさんぎょう)の 田中(たなか)さんです。
이쪽은 일본산업의 다나카 씨입니다.

❷ 昨日(きのう)の 映画(えいが)は どうでしたか。
어제 본 영화는 어땠습니까?

❸ 今日(きょう) 休(やす)みじゃ ない 会社(かいしゃ)は 私(わたし)の 会社(かいしゃ)だけです。
오늘 휴일이 아닌 회사는 우리 회사뿐입니다.

こちら 이쪽 (「ここ(여기)」의 격식 차린 말)　産業(さんぎょう) 산업　昨日(きのう) 어제　映画(えいが) 영화　会社(かいしゃ) 회사
~だけ ~만, ~뿐

실력 쑥쑥 문제가 떴다!

1 다음 (　　) 안에 들어갈 알맞은 조사를 고르세요.

(1) 田中さんの お仕事(　　) 何ですか。
　① の　　　② は　　　③ で　　　④ と

(2) これは 誰(　　)ですか。
　① が　　　② に　　　③ は　　　④ の

(3) こちらは うちの 社長(　　) 木村です。
　① が　　　② に　　　③ は　　　④ の

(4) 子供(　　) 時の 夢は 大統領でした。
　① の　　　② が　　　③ は　　　④ と

2 다음 밑줄 친 공손체의 우리말을 일본어로 바르게 옮긴 것을 고르세요.

(1) 今日は <u>휴일입니까?</u>
　① 休みでしたか　② 休みだったか　③ 休みですか　④ 休みか

(2) 彼は 昔 <u>선생님이었습니다.</u>
　① 先生です　② 先生でした　③ 先生だ　④ 先生だった

(3) 銀行は <u>4시까지입니다.</u>
　① 四時からです　② 四時までです　③ 四時です　④ 四時からでした

(4) 昨日は 私の <u>생일이 아니었습니다.</u>
　① 誕生日じゃ ありません
　② 誕生日じゃ ない
　③ 誕生日じゃ ありませんでした
　④ 誕生日じゃ ないでした

실력 쑥쑥 문제가 떴다!

3 다음 밑줄 친 반말체(보통체)의 우리말을 일본어로 바르게 옮긴 것을 고르세요.

(1) ううん、<u>여기가 아니야</u>。
　① ここが　ない　　　　　② ここは　ない
　③ ここじゃ　ない　　　　④ ここだ

(2) 子供の　時、僕の　夢は　<u>대통령이었어</u>。
　① 大統領だ　　　　　　　② 大統領だった
　③ 大統領でした　　　　　④ 大統領です

4 다음 보기 중 (　　) 안에 들어갈 알맞은 의문사를 고르세요.

[보기] いくら　　何時　　いつ　　いくつ

(1) A：すみませんが、今（　　　　）ですか。
　B：7時です。

(2) A：夏休みは（　　　　）からですか。
　B：来週からです。

(3) A：この　靴は（　　　　）ですか。
　B：一万円です。

(4) A：りんごは（　　　　）ですか。
　B：三つです。

5 다음 공손체와 상응되는 보통체(반말체)를 알맞게 연결해 보세요.

(1) 病気です　　　　　　　　　　　・　　・ ① 病気だ

(2) 病気じゃ　ありません　　　　　・　　・ ② 病気だった

(3) 病気じゃ　ありませんでした　　・　　・ ③ 病気じゃ　ない

(4) 病気でした　　　　　　　　　　・　　・ ④ 病気じゃ　なかった

6 다음 그림을 보고 질문에 일본어로 답해 보세요.

(1) A : 三木さんは　韓国人ですか。

B : _____。

(2) A : 三木さんの　お仕事は　何ですか。

B : _____。

(3) A : この　車は　誰のですか。

B : _____。

(4) A : コンサートは　土曜日ですか。

B : _____。

Memo

제 2 장

な형용사

형용사는 감정·색·맛·모양 등 어떤 사물(명사)을 묘사하는 말이랍니다. 그런데 일본어에는 우리나라 말과 다르게 두 가지의 형용사가 있습니다. 「きれいだ」처럼 어미가 「だ」로 끝나는 な형용사(형용동사)와 「高い」처럼 어미가 「い」로 끝나는 い형용사 이렇게 두 가지랍니다. 이때 な형용사와 い형용사의 구분 방법을 많이 물어 보시는데요, 공식적인 차이점은 아니지만 な형용사는 주로 '유명하다, 친절하다'처럼 명사에 '~하다'라는 표현을 붙여서 말이 되는 형용사를 가리킵니다. 그렇기 때문에 공손체를 만들 때도 1장 1에서 배운 명사와 같은 모양을 한다는 것이 특징이랍니다. 그럼, 이제부터 な형용사의 활용에 대해서 함께 살펴 볼까요?

な형용사의 단어 구성
어미가 「だ」로 끝나서 だ형용사 또는 형용동사라고 부르기도 하지만, 우리는 な형용사라고 부르기로 약속해요.

な형용사 단어의 구성	
有名(어간) だ(어미)	유명하다(기본형)

제2장 01 な형용사의 공손체
~ㅂ니다

[선생님은 친절합니다. → 先生は 親切です。]

な형용사도 명사와 마찬가지로 공손체가 존재한답니다. な형용사의 공손체도 명사와 마찬가지로 [현재 긍정 / 과거 긍정 / 현재 부정 / 과거 부정] 이렇게 네 가지로 분류됩니다.

공식으로 한방에!

な형용사의 어간 + です	현재 긍정
な형용사의 어간 + でした	과거 긍정
な형용사의 어간 + じゃ(では) ありません	현재 부정
な형용사의 어간 + じゃ(では) ありませんでした	과거 부정

단어에 녹아드는 공식

親切だ	친절하다(기본형)
親切です	친절합니다
親切でした	친절했습니다
親切じゃ ありません	친절하지 않습니다
親切じゃ ありませんでした	친절하지 않았습니다

확인도장 꾸~욱!

다음 보기와 같이 な형용사의 공손체를 일본어로 써 보세요.

단어	의미		な형용사의 공손체
(보기) 好きだ	좋아하다	좋아했습니다	好きでした
真面目だ	성실하다	성실하지 않습니다	
おしゃれだ	세련되다	세련됩니다	
上手だ	능숙하다	능숙하지 않았습니다	
便利だ	편리하다	편리합니다	
きれいだ	예쁘다, 깨끗하다	예뻤(깨끗했)습니다	

술술 말문이 트이는 문장 연습

❶ 彼女が 一番 きれいです。 그녀가 제일 예쁩니다.

❷ 私は 歌 が 好きです。 나는 노래를 좋아합니다.

✪「が」조사를 취하는 な형용사
우리말의 '~을/를'에 해당하는 조사는 일본어로「を」가 되지만「好きだ(좋아하다) - きらいだ(싫어하다) / 上手だ(능숙하다) - 下手だ(서툴다)」의 형용사 앞에서는「を」가 아닌「が」를 써야 합니다.

예) サッカー を 好きだ。 축구를 좋아한다.
         が

❸ 子供の 時は 勉強が 嫌いでした。 어렸을 때는 공부를 싫어했습니다.

❹ 昨日は 暇じゃ ありませんでした。 어제는 한가하지 않았습니다.

단어
彼女 그녀 一番 제일, 가장 歌 노래 子供の 時 어렸을 때 勉強 공부
嫌いだ 싫어하다 暇だ 한가하다

제2장 02 な형용사의 반말체(보통체)
～하다

[선생님은 친절해. → 先生は 親切だ。]

な형용사 또한 명사처럼 친구끼리나 허물없는 사이에서 말할 때와 여러 가지 문형에 연결해서 말하고 싶을 때는 반말체(보통체)를 사용합니다. な형용사의 공손체가 4개이니까, 반말체(보통체)도 당연히 4개가 되겠죠?

 공식으로 한방에

기본형	현재 긍정
な형용사의 어간 + だった	과거 긍정
な형용사의 어간 + じゃ(では) ない	현재 부정
な형용사의 어간 + じゃ(では) なかった	과거 부정

 단어에 녹아드는 공식

親切だ	친절하다
親切だった	친절했다
親切じゃ ない	친절하지 않다
親切じゃ なかった	친절하지 않았다

▶ 공손체와 반말체(보통체)의 관계

〈현재 긍정〉	親切です	→	親切だ
〈과거 긍정〉	親切でした	→	親切だった
〈현재 부정〉	親切じゃ ありません	→	親切じゃ ない
〈과거 부정〉	親切じゃ ありませんでした	→	親切じゃ なかった

확인도장 꾸~욱!

1. 다음 보기와 같이 な형용사의 반말체(보통체)를 일본어로 써 보세요.

단어	의미		な형용사의 반말체(보통체)
〈보기〉 きれいだ	예쁘다	예쁘지 않다	きれいじゃ ない
真面目だ	성실하다	성실했다	
暇だ	한가하다	한가하지 않았다	
親切だ	친절하다	친절했다	
有名だ	유명하다	유명하지 않다	
嫌いだ	싫어하다	싫어했다	
ハンサムだ	잘생기다	잘생기지 않았다	

2. 다음 보기와 같이 な형용사의 공손체를 반말체(보통체)로 고쳐 보세요.

단어	의미	공손체	반말체(보통체)
〈보기〉 きれいだ	예쁘다	きれいでした	きれいだった
真面目だ	성실하다	真面目じゃ ありません	
親切だ	친절하다	親切じゃ ありませんでした	
大変だ	힘들다	大変です	
賑やかだ	번화하다	賑やかでした	
上手だ	능숙하다	上手じゃ ありません	
幸せだ	행복하다	幸せでした	
素敵だ	멋지다	素敵じゃ ありませんでした	

술술 말문이 트이는 문장 연습

❶ A : 田中さんは　キムチが　好き？　　　　　다나카 씨는 김치를 좋아해?

✿ な형용사도 명사처럼 질문을 할 때는 어미「だ」를 떼고 억양을 올려 말합니다. 그리고 나서 물음표를 붙이면 된답니다.

　B1 : うん、好きだよ。　　　　　　　　　　응. 좋아해.

　B2 : ううん、あまり　好きじゃ　ないよ。　　아니, 별로 좋아하지 않아.

❷ この　店は　親切じゃ　ない。　　　　　　　이 가게는 친절하지 않다.

❸ テストは　簡単だった。　　　　　　　　　　시험은 간단했다.

❹ 子供の　時から　スポーツは　上手だった。　어렸을 때부터 스포츠는 잘했었다.

キムチ 김치　　好きだ 좋아하다　　あまり 그다지, 별로(뒤에 부정형을 수반)　　この 이
店 가게　　テスト 시험　　簡単だ 간단하다　　スポーツ 스포츠　　上手だ 능숙하다

제2장 03 な형용사가 명사를 꾸며 줄 때

[제가 제일 좋아하는 꽃이에요. → 私(わたし)が 一番(いちばん) 好(す)きな 花(はな)です.]

위의 문장은 '좋아한다'라는 형용사가 '꽃'이라는 명사를 꾸며 주고 있네요. 이처럼 な형용사도 명사처럼 반말체가 뒤에 오는 명사를 꾸며 주는 역할을 한답니다.

공식으로 한방에!

な형용사의 어간 + ~~だ~~ → な + 명사	현재 긍정
な형용사의 어간 + だった + 명사	과거 긍정
な형용사의 어간 + じゃ(では) ない + 명사	현재 부정
な형용사의 어간 + じゃ(では) なかった + 명사	과거 부정

Tip * 현재형이 명사를 꾸미는 경우, 어미 「だ」는 「な」로 바뀐다는 사실을 꼭꼭 기억해 두세요!

단어에 녹아드는 공식!

好(す)き~~だ~~ → な 花(はな)	좋아하는 꽃
好(す)きだった 花(はな)	좋아했던 꽃
好(す)きじゃ ない 花(はな)	좋아하지 않는 꽃
好(す)きじゃ なかった 花(はな)	좋아하지 않았던 꽃

확인도장 꾸~욱!

다음 보기와 같이 な형용사가 뒤에 오는 명사를 꾸며 주는 형태를 일본어로 써 보세요.

단어	의미		な형용사의 반말체 + 명사
〈보기〉真面目だ + 人	성실하다	성실하지 않은 사람	真面目じゃ ない 人
簡単だ + 漢字	간단하다	간단한 한자	
歌が 上手だ + 人	노래를 잘한다	노래를 잘하는 사람	
元気だ + 時	건강하다	건강하지 않았을 때	
大変だ + 一日	힘들다	힘든 하루	
交通が 便利だ + 所	교통이 편리하다	교통이 편리한 곳	
幸せだ + 夫婦	행복하다	행복한 부부	

술술 말문이 트이는 문장 연습

❶ カンナムは 賑やかな 所です。
　강남은 번화한 곳입니다.

❷ うちの 会社は あまり 有名じゃ ない 会社です。
　우리 회사는 별로 유명하지 않은 회사입니다.

❸ 昨日の コンサートで 歌が 一番 上手だった 人は ボアです。
　어제 콘서트에서 노래를 제일 잘한 사람은 보아입니다.

賑やかだ 번화하다　　所 곳, 장소　　うち 우리　　有名だ 유명하다　　コンサート 콘서트
人 사람

실력 쑥쑥 문제가 떴다!

1 다음의 한자를 일본어로 바르게 읽은 것은 어느 것입니까?

静かだ

① すきだ　　② まじめだ　　③ たいへんだ　　④ しずかだ

2 다음 제시된 단어가 가장 적절하게 사용된 문장을 고르세요.

楽だ

① この　水、楽ですね。　　② 私の　父は　楽な　人です。
③ この　椅子、楽ですね。　　④ 楽な　雰囲気です。

3 다음 문장 중 올바르지 않은 표현을 고르세요.

① 私の　会社は　あまり　有名じゃ　ありません。
② 私は　歌を　好きです。
③ 一番　上手な　スポーツは　サッカーです。
④ 子供の　時は　とても　真面目でした。

4 다음 공손체와 상응되는 반말체(보통체)를 알맞게 연결해 보세요.

(1) きれいでした　　　　　　　　●　　●　① きれいじゃ　なかった

(2) きれいです　　　　　　　　　●　　●　② きれいだ

(3) きれいじゃ　ありません　　　●　　●　③ きれいじゃ　ない

(4) きれいじゃ　ありませんでした　●　　●　④ きれいだった

실력 쑥쑥 문제가 떴다!

5 다음 밑줄 친 부분의 우리말을 일본어로 바르게 옮긴 것을 고르세요.

(1) この 人は 友だちの 中で 一番 <u>성실한</u> 人です。
　① 真面目だ　　　　　　② 真面目の
　③ 真面目な　　　　　　④ 真面目

(2) 子供の 時 勉強が <u>좋아하지 않았습니다</u>。
　① 好きでした
　② 好きじゃ ありませんでした
　③ 好きです
　④ 好きだった

(3) あの 店は あまり <u>친절하지 않은</u> 店です。
　① 親切な
　② 親切だった
　③ 親切じゃ ない
　④ 親切じゃ なかった

(4) 本当に <u>유감이었어</u>!
　① 残念だ　　　　　　② 残念だった
　③ 残念な　　　　　　④ 残念です

(5) 刺身が <u>좋아해</u>?
　① 好きで　　　　　　② 好きな
　③ 好き　　　　　　　④ 好きだった

6 다음 빈 칸에 들어갈 알맞은 말을 써 넣으세요.

(1) A : 三木さんの お父さんは サッカーが 好きですか。
　　B : いいえ、あまり 好き_____。

(2) A : 日本語の 漢字が 全部 わかりますか。
　　B : 簡単_____漢字は わかります。

(3) A : 三木さんは 何が 一番 得意_____。
　　B : 私は 歌が 得意です。

(4) A : この 店は 昔 静か_____。
　　B : そうでしたか。でも、今は 全然 静かじゃ ありませんね。

(5) A : 三木さんは あまり 好き_____食べ物が ありますか。
　　B : いいえ、私は 何でも 好きです。

(6) A : 私は 真面目_____人が 好きです。
　　B : 私も…。

(7) A : この 人は 有名ですか。
　　B : 昔は 有名_____けど、今は あまり 有名じゃ ありません。

(8) A : 今日は 本当に 大変_____一日でした。
　　B : そうでしたか。

Memo

제3장

い형용사

い형용사란 앞에서 배운 な형용사와는 달리 어미가 「い」로 끝나며, 주로 색·맛·크기·날씨 등을 나타내는 형용사입니다. 지금까지 배운 명사와 な형용사와는 활용이 많이 다르니까, 이제부터 함께 자세히 살펴 보도록 해요.

い형용사의 단어 구성	
高(たか)い 어간 / 어미	비싸다(기본형)

제3장 01 い형용사의 공손체
~니다

[일본어는 매우 재미있습니다. → 日本語は とても 面白いです。]

い형용사도 명사와 な형용사처럼 공손하게 말하고 싶을 때는 공손체를 쓰면 됩니다. い형용사의 공손체도 な형용사와 마찬가지로 [현재 긍정 / 과거 긍정 / 현재 부정 / 과거 부정] 이렇게 네 가지랍니다.

공식으로 한방에!

い형용사의 어간 + いです	현재 긍정
い형용사의 어간 + かったです	과거 긍정
い형용사의 어간 + く ありません	현재 부정
い형용사의 어간 + く ありませんでした	과거 부정

단어에 녹아드는 공식

面白い	재미있다(기본형)
面白いです	재미있습니다
面白い + かったです	재미있었습니다
面白い + く ありません	재미있지 않습니다
面白い + く ありませんでした	재미있지 않았습니다

▶ 「いい(좋다)」와 「よい(좋다)」

모든 い형용사는 앞에서 살펴본 공식대로 공손체를 만들지만, い형용사 중 '좋다'라는 의미를 나타내는 「いい」와 「よい」는 다른 방식으로 활용되는 이단아이니까 주의해서 암기해 두세요.

「いい / よい(좋다)」의 공손체
〈현재 긍정〉 いいです(よいです)   – 좋습니다 (두 개 모두 사용 가능)
〈과거 긍정〉 よかったです   – 좋았습니다 (「よい」만 사용 가능)
〈현재 부정〉 よく ありません   – 좋지 않습니다 (「よい」만 사용 가능)
〈과거 긍정〉 よく ありませんでした – 좋지 않았습니다 (「よい」만 사용 가능)

 확인도장 꾸~욱!

다음 보기와 같이 い형용사의 공손체를 일본어로 써 보세요.

단어	의미		い형용사의 공손체
〈보기〉 寒(さむ)い	춥다	춥지 않습니다	寒(さむ)く ありません
いい / よい	좋다	좋았습니다	
痛(いた)い	아프다	아픕니다	
楽(たの)しい	즐겁다	즐겁지 않았습니다	
優(やさ)しい	상냥하다	상냥했습니다	
涼(すず)しい	시원하다	시원합니다	
怖(こわ)い	무섭다	무섭지 않았습니다	
重(おも)い	무겁다	무겁습니다	
暖(あたた)かい	따뜻하다	따뜻하지 않습니다	
寂(さび)しい	외롭다	외로웠습니다	

술술 말문이 트이는 문장 연습

❶ この お菓子は とても 美味しいですね。
이 과자는 굉장히 맛있네요.

❷ 今日は あまり 忙しく ありません。
오늘은 별로 바쁘지 않습니다.

❸ 日本は ちょっと 寒かったです。
일본은 조금 추웠습니다.

❹ 雰囲気は よく ありませんでした。
분위기는 좋지 않았습니다.

お菓子 과자　とても 매우, 굉장히　美味しい 맛있다　忙しい 바쁘다
ちょっと 조금, 잠깐　寒い 춥다　雰囲気 분위기　いい / よい 좋다

제3장 02 い형용사의 반말체(보통체)
~하다

[일본어는 매우 재밌어. → 日本語は とても 面白い。]

い형용사도 명사와 な형용사처럼 친구 또는 허물없는 사이에서 말할 때나 여러 가지 문형에 접속시킬 때 반말체(보통체)가 필요하답니다. い형용사의 반말체(보통체)도 공손체와 마찬가지로 [현재 긍정 / 과거 긍정 / 현재 부정 / 과거 부정]의 네 가지로 분류됩니다.

공식으로 한방에!

い형용사의 어간 + い	현재 긍정
い형용사의 어간 + かった	과거 긍정
い형용사의 어간 + く ない	현재 부정
い형용사의 어간 + く なかった	과거 부정

단어에 녹아드는 공식!

面白い	재미있다
面白✗ + かった	재미있었다
面白✗ + く ない	재미있지 않다
面白✗ + く なかった	재미있지 않았다

▶ 이단아 「いい / よい」의 반말체(보통체)!

| いい/よい | 좋다 〈현재 긍정〉 | よかった | 좋았다 〈과거 긍정〉 |
| よく ない | 좋지 않다 〈현재 부정〉 | よく なかった | 좋지 않았다 〈과거 부정〉 |

확인도장 꾸~욱!

1. 다음 보기와 같이 い형용사의 반말체(보통체)를 일본어로 써 보세요.

단어	의미		い형용사의 반말체 (보통체)
〈보기〉 美味しい	맛있다	맛있다	美味しい
難しい	어렵다	어렵지 않다	
忙しい	바쁘다	바빴다	
暑い	덥다	덥지 않았다	
悪い	나쁘다	나빴다	
近い	가깝다	가깝지 않다	
遅い	느리다	느리다	

2. 다음 보기와 같이 い형용사의 공손체를 반말체(보통체)로 고쳐 보세요.

단어	의미	공손체	반말체 (보통체)
〈보기〉 優しい	상냥하다	優しかったです	優しかった
痛い	아프다	痛く ありません	
いい / よい	좋다	よく ありませんでした	
強い	강하다	強いです	
嬉しい	기쁘다	嬉しく ありませんでした	
寒い	춥다	寒く ありません	
速い	빠르다	速いです	
軽い	가볍다	軽く ありません	
汚い	더럽다	汚かったです	

술술 말문이 트이는 문장 연습

❶ A : 日本語は 面白い? 　　　　　　　일본어는 재미있니?
　　B1 : うん、面白い。 　　　　　　　　응, 재미있어.
　　B2 : ううん、面白く ない。 　　　아니, 재미없어.
❷ 天気が よく ない。 　　　　　　　　　날씨가 좋지 않다.
❸ テストは とても 難しかった。 　　시험은 너무 어려웠다.
❹ 日本料理は 全然 辛く なかった。 　일본요리는 전혀 맵지 않았다.

단어
日本語 일본어　　面白い 재미있다　　天気 날씨　　難しい 어렵다　　料理 요리　　全然 전혀
辛い 맵다

▶ 공손체와 반말체(보통체)의 관계
　〈현재 긍정〉　面白いです　　　　　　　→　面白い
　〈과거 긍정〉　面白かったです　　　　　→　面白かった
　〈현재 부정〉　面白く ありません　　　　→　面白く ない
　〈과거 부정〉　面白く ありませんでした　→　面白く なかった

제3장 03 い형용사가 명사를 꾸며 줄 때

[매우 귀여운 자동차네요. → とても かわいい 車(くるま)ですね。]

위의 문장은 '귀엽다'라는 い형용사가 뒤에 오는 명사 '차'를 꾸며 주고 있네요. 이처럼 い형용사도 な형용사와 마찬가지로 반말체(보통체)의 형태가 되어 뒤에 오는 명사를 꾸며 준답니다.

 공식으로 한방에!

い형용사	+ 명사	현재 긍정
い형용사의 어간 + かった	+ 명사	과거 긍정
い형용사의 어간 + く ない	+ 명사	현재 부정
い형용사의 어간 + く なかった	+ 명사	과거 부정

 단어에 녹아드는 공식

かわいい 車(くるま)	귀여운 자동차
かわいかった 車(くるま)	귀여웠던 자동차
かわいく ない 車(くるま)	귀엽지 않은 자동차
かわいく なかった 車(くるま)	귀엽지 않았던 자동차

확인도장 꾸~욱!

다음 보기와 같이 い형용사가 명사를 꾸며 주는 형태를 써 보세요.

단어	의미	い형용사의 반말체(보통체) + 명사	
〈보기〉 背が 高い + 人	키가 크다	키가 큰 사람	背が 高い 人
面白い + 映画	재미있다	재미없었던 영화	
いい + 天気	좋다	좋지 않은 날씨	
忙しい + 人	바쁘다	바빴던 사람	
多い + 車	많다	많은 차	
かわいい + 人	귀엽다	귀여운 사람	
嬉しい + こと	기쁘다	기쁜 일	

술술 말문이 트이는 문장 연습

❶ これ 面白い 本ですね。　　　　이거 재미있는 책이군요.
❷ 私は 背が 高い 人が 好きです。　저는 키가 큰 사람을 좋아합니다.
❸ あまり 辛く ない 料理です。　　별로 맵지 않은 요리입니다.
❹ 一番 嬉しかった 時は 宝くじに 当たった 時です。
　제일 기뻤을 때는 복권에 당첨되었을 때입니다.

本 책　背が 高い 키가 크다　好きだ 좋아하다　辛い 맵다　嬉しい 기쁘다　宝くじ 복권
当たる 당첨되다　当たった 당첨되었다(「当たる(당첨되다)」의 과거 반말체(보통체))　時 때, 시기

실력 쑥쑥 문제가 떴다!

1 다음 공손체와 상응되는 반말체(보통체)를 알맞게 연결해 보세요.

(1) 優しく ありません　　　•　　•　① 優しかった

(2) 優しいです　　　　　　•　　•　② 優しい

(3) 優しかったです　　　　•　　•　③ 優しく ない

(4) 優しく ありませんでした •　　•　④ 優しく なかった

2 다음 (　) 안에 들어갈 알맞은 い형용사를 보기에서 골라 써 넣으세요.

[보기]	速い	暖かい	寒い	辛い	長い
	暑い	涼しい	固い	厳しい	冷たい

(1) 春は (　　　　　)です。

(2) 夏は (　　　　　)です。

(3) 秋は (　　　　　)です。

(4) 冬は (　　　　　)です。

(5) 電車は (　　　　　)です。

(6) キムチは (　　　　　)です。

(7) うちの 父は (　　　　　)です。

(8) 肉は (　　　　　)です。

(9) ビールは (　　　　　)です。

(10) 髪は (　　　　　)です。

3 다음 밑줄 친 부분의 우리말을 일본어로 바르게 옮긴 것을 고르세요.

(1) 昨日 飲み会の 雰囲気は <u>좋았습니까</u>?
① いいですか　　　　　　② よかったですか
③ いいでしたか　　　　　④ いかったですか

(2) 家は あまり <u>넓지 않습니다</u>。
① 広く ありません　　　② 広いです
③ 広いないです　　　　　④ 広かったです

(3) ここから 一番 <u>가까운</u> 本屋は どこですか。
① 近く　　　　　　　　　② 近じゃ ない
③ 近い　　　　　　　　　④ 近く ない

(4) よく 食べますね。<u>맛있습니까</u>?
① 美味しですか　　　　　② 美味しいですか
③ 美味しくですか　　　　④ 美味しかったですか

(5) この中で 一番 <u>달지 않은</u> 食べ物は 何ですか。
① 甘い　　　　　　　　　② 甘く
③ 甘く ない　　　　　　 ④ 甘じゃ ない

(6) お客さんは <u>적있다</u>。
① 小さい　　　　　　　　② 少なかった
③ 小さく なかった　　　 ④ 少ない

실력 쑥쑥 문제가 떴다!

④ 다음 빈 칸에 들어갈 알맞은 말을 일본어로 써 넣으세요.

(1) A : 毎日　忙しい_____。

　　B : はい、とても　忙しいです。

(2) A : どんな　人が　好きですか。

　　B : 優しくて　面白_____　人が　好きです。

(3) A : 昨日は　体の　調子が　悪_____。

　　B : はい、ちょっと…。

(4) A : 映画は　面白かったですか。

　　B : いいえ、あまり　_____。

(5) A : ここの　服は　高いですか。

　　B : いいえ、_____。

(6) A : 今　頭が　痛いですか。

　　B : いいえ、_____。

(7) A : ご主人は　優しい　方ですか。

　　B : あまり　_____　人です。

(8) A : 昨日の　天気は　よかったですか。

　　B : はい、とても　_____。

제 4 장

동사

동사는 말 그대로 '먹다, 가다, 달리다'처럼 동작이나 움직임을 나타내는 표현입니다. 하지만 일본어의 동사에는 '피곤하다, 맑다, 있다'처럼 상태와 존재를 나타내는 동사도 포함되어 있답니다. 그럼, 이제부터 복잡하고도 미묘한 동사의 세계로 함께 들어가 볼까요?

▶ 오십음도

	あ행	か행	さ행	た행	な행	は행	ま행	や행	ら행	わ행
あ단	あ	か	さ	た	な	は	ま	や	ら	わ
い단	い	き	し	ち	に	ひ	み		り	
う단	う	く	す	つ	ぬ	ふ	む	ゆ	る	ん
え단	え	け	せ	て	ね	へ	め		れ	
お단	お	こ	そ	と	の	ほ	も	よ	ろ	を

동사의 단어 구성

飲 む
어간 어미

마시다(기본형)

제4장 01 동사의 그룹 나누기
[공손체를 만드는 준비 1]

일본어 동사는 그룹별로 나뉘어 각각의 활용을 하게 됩니다. 그렇다면 각각의 그룹은 어떻게 나뉘는 걸까요? 이제부터 그 방법을 함께 배워 보도록 합시다. 먼저 그룹으로 나눌 수 있어야 다음 단계인 ます형과 공손체를 만들 수 있게 된답니다.

동사의 그룹별 특징과 그룹 나누기

그룹	그룹의 특징
3그룹	「する」/「来る」단 두 개뿐이므로 꼭 암기해 둘 것
2그룹	어미가 「る」로 끝나며, 어미 「る」의 앞글자가 い단 이거나 え단인 경우
1그룹	2그룹, 3그룹이 아닌 모든 동사 (즉, 어미가 「る」가 아닌 모든 동사와, 어미는 「る」이지만 「る」 앞글자가 あ단・う단・お단인 경우)

기본형	의미	그룹	설명
買う	사다	1그룹	어미가 「る」가 아니므로 1그룹 동사
終わる	끝나다	1그룹	어미는 「る」이지만 어미 앞글자 「わ」가 あ단이므로 1그룹 동사
かける	걸다	2그룹	어미가 「る」이고 어미 앞글자 「け」가 え단이므로 2그룹 동사
待つ	기다리다	1그룹	어미가 「る」가 아니므로 1그룹 동사
する	하다	3그룹	무조건 암기하는 단어 중 하나이므로 3그룹 동사
見る	보다	2그룹	어미가 「る」이고 어미 앞글자 「み」가 い단이므로 2그룹 동사
死ぬ	죽다	1그룹	어미가 「る」가 아니므로 1그룹 동사

※ 예외 1그룹 동사 (모양은 2그룹지만 1그룹으로 활용하는 동사)
帰る(돌아가(오)다)・入る(들어가다)・走る(달리다)・知る(알다)・切る(자르다)・要る(필요하다)

제4장 02 동사의 ます형
~ㅂ니다 [공손체를 만드는 준비 2]

자, 이제 동사의 그룹을 정확하게 나눌 수 있게 되었으니까, 이제는 ます형을 만들어 볼까요? ます형을 만들고 나면 그 다음은 공손체 만들기로 고고씽할 수 있답니다.

공식으로 한방에!

그룹	방법			동사의 ます형		
1그룹	어미 う단을 い단으로 고친 다음 + ます	買う	사다	→	買います	삽니다
		行く	가다	→	行きます	갑니다
		泳ぐ	헤엄치다	→	泳ぎます	헤엄칩니다
		話す	말하다	→	話します	말합니다
		待つ	기다리다	→	待ちます	기다립니다
		飲む	마시다	→	飲みます	마십니다
		死ぬ	죽다	→	死にます	죽습니다
		遊ぶ	놀다	→	遊びます	놉니다
		乗る	타다	→	乗ります	탑니다
2그룹	어미 「る」를 떼고 + ます	見る	보다	→	見ます	봅니다
		食べる	먹다	→	食べます	먹습니다
3그룹	무조건 외우기	する	하다	→	します	합니다
		来る	오다	→	来ます	옵니다

※3그룹의 동사는 활용에 따라 어간이 변하므로 주의합시다.

제4장 03 동사의 공손체
~ㅂ니다

[저는 매일 커피를 마십니다. → 私(わたし)は 毎日(まいにち) コーヒーを 飲(の)みます。]

동사도 [현재 긍정 / 과거 긍정 / 현재 부정 / 과거 부정] 이렇게 네 가지의 공손체가 있는데요. 지금까지 배운 명사와 형용사와는 달리 です형이 아닌 ます형으로 공손체를 만든답니다. 또한, 동사의 ます형은 '사실·습관·의지·미래' 등의 아주 중요한 의미를 내포하고 있답니다.

공식으로 한방에!

동사의 ます형 + ます	사실·습관·의지·미래의 긍정
동사의 ます형 + ました	과거 긍정
동사의 ます형 + ません	사실·습관·의지·미래의 부정
동사의 ます형 + ませんでした	과거 부정

단어에 녹아드는 공식♪

* ます형은 사실·습관·의지·미래 등의 여러 가지 의미를 나타낸답니다. 그럼, 동사 「飲(の)む(마시다)」를 공식에 활용하여 살펴 볼까요?

飲(の)む	마시다(기본형 / 1그룹 동사)
飲(の)み**ます**	마**십니다**(사실·습관), 마시**겠습니다**(의지), 마실 **겁니다**(미래)
飲(の)み**ました**	마셨습니다
飲(の)み**ません**	마시지 않습니다(사실·습관 부정), 마시지 않겠습니다(의지 부정), 마시지 않을 겁니다(미래 부정)
飲(の)み**ませんでした**	마시지 않았습니다

 확인도장 꾸~욱!

다음 보기와 같이 동사의 공손체를 일본어로 써 보세요.

단어	의미		동사의 공손체
〈보기〉 聞く	듣다	들었습니다	聞きました
買う	사다	사지 않았습니다	
教える	가르치다	가르쳤습니다	
する	하다	하지 않았습니다	
出す	내다	냈습니다	
死ぬ	죽다	죽습니다	
帰る	돌아가(오)다	돌아가(오)지 않습니다	
ある	있다	없습니다	
食べる	먹다	먹지 않았습니다	

 술술 말문이 트이는 문장 연습

❶ 私は 毎日 会社に 行きます。　　저는 매일 회사에 갑니다.
❷ 明日 友だちと 一緒に 映画を 見ます。　내일 친구랑 함께 영화를 볼 겁니다.
❸ 先週の 日曜日に 友だちと お酒を 飲みました。
　지난주 일요일에 친구랑 술을 마셨습니다.
❹ 昨日は 何も 買いませんでした。　어제는 아무것도 사지 않았습니다.

 毎日 매일　行く 가다　友だち 친구　一緒に 함께　見る 보다　先週 지난주
日曜日 일요일　お酒 술　何も 아무것도

꼭 알아두어야 할 조사

우리가 문장을 만들 때 가장 많이 등장하는 것은 무엇일까요? 그것은 바로 '조사'랍니다. 그래서 조사는 절대 무시하고 갈 수 없는 애들이라는 거죠. 게다가 일본어의 조사는 하나의 조사가 여러 가지 의미를 갖고 있기 때문에 우리를 헷갈리게 만드는 애물단지랍니다. 그럼, 이제 애물단지 조사를 확실하게 정리하고 넘어가 볼까요?

[1] は

① 주격 : ~은, ~는 → 문장의 주체임을 나타낸다.

私は 先生です。   저는 선생님입니다.
↳ 본인에 대해 설명하고 있는 느낌

私の 家族は 明日 旅行に 行きます。 우리 가족은 내일 여행을 갑니다.

② 한정 : ~은, ~는 → 부정문에서 한정을 나타낸다.

私は たばこは 吸いません。   저는 담배는 피우지 않습니다.

[2] が

① 주격 : ~이, ~가 → 문장의 주체임을 나타낸다.

私が 先生です。 제가 선생님입니다.
↳ 여러 사람 중에서 선생님이 누구인지를 묻는 질문에 본인이 바로 그 선생님이라는 것을 강조해서 말하는 느낌

② 의문사에는 조사 「が」를 접속시켜야 한다.

何が 무엇이   誰が 누가   どこが 어디가   いつが 언제가

[3] を

① 목적격 : ~을, ~를 → 何を(무엇을)

昨日 お酒を 飲みました。   어제 술을 마셨습니다.
暑くて 窓を 開けました。   더워서 창문을 열었습니다.

② 통과점 : ~을, ~를 → 통과점을 나타낸다.

家を 出る 前に 連絡 ください。   집을 나오기 전에 연락 주세요.
空を 飛んで いる 鳥が うらやましいです。
하늘을 날고 있는 새가 부럽습니다.

tip | '〜을, 〜를'이라고 해석이 되어도 조사 「を」가 아닌 다른 조사를 취하는 예외적인 경우가 있습니다.
아래의 예외적인 경우도 함께 기억해 두세요.

友(とも)だちに 会(あ)います。 　　　　　　　친구를 만납니다.
電車(でんしゃ)に 乗(の)ります。 　　　　　　전철을 탑니다.
旅行(りょこう)に 行(い)きます。 　　　　　　여행을 갑니다.
駅(えき)に 向(む)かって 歩(ある)いて ください。 　역을 향해서 걸어 주세요.
お父(とう)さんに 似(に)て います。 　　　　아버지를 닮았습니다.
息子(むすこ)に 代(か)わって 私(わたし)が お詫(わ)び します。 　아들을 대신해서 제가 사과 드리겠습니다.
田中(たなか)さんに 憧(あこが)れて 日本語(にほんご)を 始(はじ)めました。 　다나카 씨를 동경해서 일본어를 시작했습니다.
私(わたし)は 日本語(にほんご)が わかります。 　저는 일본어를 압니다.
私(わたし)は お金(かね)が ほしいです。 　　저는 돈을 원합니다.
私(わたし)は サッカーが 好(す)きです。 　　저는 축구를 좋아합니다.
私(わたし)は サッカーが 嫌(きら)いです。 　　저는 축구를 싫어합니다.
私(わたし)は サッカーが 上手(じょうず)です。 　저는 축구를 잘합니다.
私(わたし)は サッカーが 下手(へた)です。 　저는 축구를 못합니다.

[4] と

① 열거 : 〜와, 〜과, 〜랑 → 誰(だれ)と(누구랑)

本(ほん)と ノートが あります。 　　　　책과 노트가 있습니다.
友(とも)だちと お酒(さけ)を 飲(の)みました。 　친구랑 술을 마셨습니다.

② 인용 : 〜라고 → 何(なん)(だ)と(무엇이라고)

彼女(かのじょ)が 一番(いちばん) きれいだと 思(おも)います。 　그녀가 제일 예쁘다고 생각합니다.
早(はや)く 起(お)きなさいと 言(い)いました。 　빨리 일어나라고 말했습니다.

③ 변화 : 〜이, 〜가 → 화학석인 변화에서 사용

氷(こおり)は 水(みず)と なります。 　　　얼음은 물이 됩니다.

[5] 〜や 〜など　〜와/과 〜등, 〜랑 〜등 (열거)

ジュースや コーヒーなどが あります。 　주스랑 커피 등이 있습니다.

> **tip** | 「と」와 「や」의 차이점
> ジュースと コーヒーが ある。　　　주스랑 커피가 있다.
> ↳ 딱 두 종류만 있다는 것을 나타낼 때 사용
>
> ジュースや コーヒーなどが ある。　　주스랑 커피 등등이 있다.
> ↳ 두 종류 외에 다른 종류도 있지만, 두 개만 예를 들어 말할 때 사용

[6] で

① 행위의 장소 : ~에서(「で」로 표현되는 장소에서 어떤 행위가 일어난다는 것을 나타냄)
→ どこで (어디에서)

家の 近くで 友だちに 会いました。　　집 근처에서 친구를 만났습니다.
いつも デパートで 服を 買います。　　항상 백화점에서 옷을 삽니다.

> **tip** | '~에서'라고 해석되지만 조사 「で」가 아닌 「から」가 쓰이는 경우
> 部屋から 山が 見えます。　　　　　방에서 산이 보입니다.
> あそこから テレビの 音が 聞こえます。　저쪽에서 텔레비전 소리가 들립니다.
> 学校は 家から 近いです。　　　　　학교는 집에서 가깝습니다.

② 수단과 방법 : ~(으)로, ~을 타고('~을 이용해서'라는 의미로 수단과 방법을 나타냄)
→ 何で(무엇으로, 무엇을 타고)

赤い ペンで 書いては いけません。　빨간 펜으로 쓰면 안 됩니다.
電車で 会社に 行きます。　　　　　전철로 회사에 갑니다.

[7] に

① 방향·행선지 : ~에, ~로(가거나 오거나 하는 행선지를 나타내며, 여기서의 조사 「に」는 「へ」로 바꿔 쓸 수 있음) → どこに(어디에)

明日 図書館に 行きます。　　　　　내일 도서관에 갑니다.
タクシーで 家に 帰りました。　　　택시로 집에 돌아갔습니다.

② 존재의 장소 : ~에(존재를 나타내는 동사 앞에서 존재의 장소를 나타냄) → どこに (어디에)

かばんの 中に 本と 財布が あります。　가방 안에 책이랑 지갑이 있습니다.

③ 시간·때 : ~에 → 何時に (몇 시에)

今日は 6時に 起きました。　　　　오늘은 6시에 일어났습니다.

いつも 月曜日に 会議を します。　　　항상 월요일에 회의를 합니다.

> **tip** | 조사「に」는 시간과 때를 나타낼 때 사용하는데, 주로 시각, 요일, 날짜처럼 정확한 시간과 때를 나타내는 말에만 붙습니다. 따라서 다음의 시간과 때를 나타내는 단어에는 사용할 수 없으니까, 주의하세요!
>
> 朝 아침　　昼 점심　　夜 밤　　今朝 오늘 아침
> 今晩 오늘 밤　　先週 지난주　　今週 이번 주　　来週 다음 주
> 先月 지난달　　今月 이번 달　　来月 다음 달
> 去年 작년　　今年 올해　　来年 내년　　昔 옛날

④ 대상 : ~에게 → 誰に(누구에게)

恋人に 香水を あげました。　　　애인에게 향수를 주었습니다.
先生に 聞いて ください。　　　선생님에게 물어 보세요.

⑤ 결정 : ~(으)로(「~に する(~(으)로 하다, ~(으)로 정하다)」의 용법으로, '결정하다'의 의미를 나타냄

飲み物は 何に しますか。　　　음료수는 무엇으로 하겠습니까?

[8] から / まで

① ~から　~まで : ~부터 ~까지

会社から 家まで 1時間 かかります。　　　회사에서부터 집까지 1시간 걸립니다.

> **tip** | 「まで」와 「までに」의 차이점
>
> 勉強は 3時まで しました。　　　공부는 3시까지 했습니다.
> ↳ 3시까지 계속 행위를 했다는 의미를 나타냄
>
> 願書は 3時までに 提出して ください。　　　원서는 3시까지 제출해 주세요.
> ↳ 3시라는 정해진 시간 안에 행위를 완료한다는 의미를 나타냄

② から : ~에게서, ~로부터 → 誰から(누구로부터)

恋人から 花を もらいました。　　　애인으로부터 꽃을 받았습니다.

[9] も

① 첨가 : ~도

私も 行きます。　　　저도 가겠습니다.

② 강조 : ~이나(숫자 뒤에 붙여서 강조를 나타낼 때 사용)

　　3時間も　残業を　したんですか。　　　　3시간이나 잔업을 한 겁니까?

[10] よ　~예요

상대방에게 훈계하거나 주의를 줄 때, 또는 자신의 의견을 강하게 주장할 때 사용하는 종조사

　　林　：三木さん！　そんな　こと　しては　だめですよ。　　미키 씨! 그런 일 하면 안 돼요.
　　三木：いいえ、違いますよ。　　　　　　　　　　　　　아니요, 틀려요.

[11] ね

① 감탄 : ~군요, ~네요(이때는 억양을 내려서 말함)

　　この　花　きれいですね。(↘)　　　　　　이 꽃 예쁘네요.

② 확인·동의 : ~죠?(상대방에게 동의를 구할 때 사용하는데, 이때의 억양은 올려서 말함)

　　三木さんも　一緒に　行きますね。(↗)　　미키 씨도 같이 갈 거죠?

제4장 04 동사의 ない형(반말체)
~하지 않다 [반말체를 만드는 준비 1]

[나 술은 별로 안 마셔. → 私は お酒は あまり 飲まない。]

동사의 ない형도 동사의 공손체를 만드는 것처럼 준비 작업이 필요하답니다. 그럼, 제일 먼저 반말 부정을 의미하는 ない형부터 만들어 볼까요?

 공식으로 한방에!

그룹	공식		동사의 ない형		
1그룹	어미 う단을 あ단으로 고친 다음 + ない ※어미가 「う」로 끝나는 동사는 원래 「あ」가 되어야 하지만, ない형을 만들 때는 「わ」로 바뀜	会う	만나다	会わない	만나지 않다
		行く	가다	行かない	가지 않다
		泳ぐ	헤엄치다	泳がない	헤엄치지 않다
		話す	말하다	話さない	말하지 않다
		待つ	기다리다	待たない	기다리지 않다
		死ぬ	죽다	死なない	죽지 않다
		飲む	마시다	飲まない	마시지 않다
		遊ぶ	놀다	遊ばない	놀지 않다
		乗る	타다	乗らない	타지 않다
		*예외 : ある(있다) - ない(없다)			
2그룹	어미 「る」를 떼고 + ない	見る	보다	見ない	보지 않다
3그룹	무조건 외우기	する	하다	しない	하지 않다
		来る	오다	来ない	오지 않다

59

1. 다음 보기와 같이 동사의 ない형을 써 보세요.

단어	의미	그룹	ない형
〈보기〉 会う	만나다	1그룹	会わない
作る	만들다	1그룹	
ある	있다	1그룹	
来る	오다	3그룹	
書く	쓰다	1그룹	
話す	말하다	1그룹	
開ける	열다	2그룹	
食べる	먹다	2그룹	

2. 다음 보기와 같이 공손체의 부정형을 반말체(보통체) 부정형으로 고쳐 보세요.

단어	의미	그룹	공손체 부정	반말체(보통체) 부정
〈보기〉 見る	보다	2그룹	見ません	見ない
知る	알다	1그룹	知りません	
買う	사다	1그룹	買いません	
待つ	기다리다	1그룹	待ちません	
する	하다	3그룹	しません	
聞く	듣다	1그룹	聞きません	
教える	가르치다	2그룹	教えません	

술술 말문이 트이는 문장 연습

❶ A : 金さんは たばこを 吸う?　　　김 씨는 담배를 피워?

✿ 반말로 물을 때는 물음표를 넣고 끝을 올려 발음해야 합니다.

B1 : うん、吸う。　　　응, 피워.

B2 : ううん、吸わない。　　　아니, 안 피워.

❷ 彼は 今日 来ないよ。　　　그 사람은 오늘 오지 않아.

❸ 私は 何も 知らない。　　　나는 아무것도 모른다.

❹ お金も 時間も ない。　　　돈도 시간도 없다.

吸う 피우다　　何も 아무것도　　来ない 오지 않다 (「来る(오다)」의 ない형)
知らない 모른다 (「知る(알다)」의 ない형)　　お金 돈　　時間 시간　　ない 없다 (「ある(있다)」의 ない형)

▶ 공손체의 부정 표현 「〜ません」과 반말체(보통체)의 부정 표현 「〜ない」의 관계

飲みません 마시지 않습니다 〈공손체 부정〉
飲まない 마시지 않다 〈반말체(보통체) 부정〉

제4장 05 동사의 た형
~했다 [반말체(보통체)를 만드는 준비 2]

[나 어제 선 봤어. → 私は 昨日 お見合いを した。]

위의 문장은 선을 봤다고 말하고 있는데, 친구나 가까운 사이의 사람에게 말하고 있다는 느낌이 드나요? 이처럼 이번에는 반말체의 과거형인 た형을 만드는 법을 배워봅시다.

공식으로 한방에!

그룹	공식	예			
1그룹	1그룹 동사의 어미의 변화는 다음과 같다. く → いた ぐ → いだ う, つ, る → った ぬ, む, ぶ → んだ す → した	聞く	듣다	聞いた	들었다
		*예외 : 行く(가다) – 行った(갔다)			
		泳ぐ	헤엄치다	泳いだ	헤엄쳤다
		買う	사다	買った	샀다
		待つ	기다리다	待った	기다렸다
		帰る	돌아가(오)다	帰った	돌아갔(왔)다
		死ぬ	죽다	死んだ	죽었다
		飲む	마시다	飲んだ	마셨다
		遊ぶ	놀다	遊んだ	놀았다
		話す	말하다	話した	말했다
2그룹	어미「る」를 뗌	食べる	먹다	食べた	먹었다
3그룹	무조건 외우기	する	하다	した	했다
		来る	오다	来た	왔다

확인도장 꾸~욱!

1. 다음 보기와 같이 동사의 반말체(보통체) 과거형(た형)을 써 보세요.

단어	의미	그룹	반말체(보통체) 과거(た형)
〈보기〉書く	쓰다	1그룹	書いた
待つ	기다리다	1그룹	
行く	가다	1그룹	
遊ぶ	놀다	1그룹	
着る	입다	2그룹	
話す	말하다	1그룹	
する	하다	3그룹	
いる	있다	2그룹	

2. 다음 보기와 같이 공손체의 과거형을 반말체(보통체) 과거형(た형)으로 고쳐 보세요.

단어	의미	그룹	공손체 과거	반말체(보통체) 과거(た형)
〈보기〉買う	사다	1그룹	買いました	買った
走る	달리다	1그룹	走りました	
ある	있다	1그룹	ありました	
来る	오다	3그룹	来ました	
休む	쉬다	1그룹	休みました	
入る	들어가다	1그룹	入りました	
教える	가르치다	2그룹	教えました	
使う	사용하다	1그룹	使いました	

 ## 술술 말문이 트이는 문장 연습

① 私は 昨日 お見合いを した。 나 어제 선 봤어.

② 昨日は 会社に 行った。 어제는 회사에 갔다.

③ 友だちと 一緒に 遊んだ。 친구랑 함께 놀았다.

④ 今 やっと 着いた。 지금 겨우 도착했어.

 お見合い 맞선　　行った 갔다 (「行く(가다)」의 반말체(보통체) 과거)
遊んだ 놀았다 (「遊ぶ(놀다)」의 반말체(보통체) 과거)
やっと 겨우　　着いた 도착했다 (「着く(도착하다)」의 반말체(보통체) 과거)

▶ 공손체의 과거형 「〜ました」와 반말체(보통체) 과거형 た형과의 관계
　飲みました 마셨습니다 〈공손체 과거〉
　飲んだ 마셨다 〈반말체(보통체) 과거〉

제4장 06 동사의 반말체(보통체)
~하다

와우! 이제 반말체(보통체)가 완성되었네요. 동사의 반말체(보통체)도 친구 또는 허물없는 사이에서 말할 때와 여러 가지 문형에 접속시켜서 많은 의미의 문장을 만들 때 사용한답니다. 그리고 동사의 반말체(보통체)도 네 가지 형태랍니다. 그럼, 이제 동사의 반말체(보통체)를 살펴 볼까요?

 공식으로 한방에!

기본형	사실·습관·의지·미래
동사의 た형 + た	과거 긍정
동사의 ない형 + ない	사실·습관·의지·미래의 부정
동사의 ない형 + なかった	과거 부정

 단어에 녹아드는 공식

飲む	마신다, 마시겠다, 마실 것이다
飲んだ	마셨다
飲まない	마시지 않다
飲まなかった	마시지 않았다

▶ 공손체와 반말체(보통체) 관계

〈현재 긍정〉 飲みます → 飲む   〈과거 긍정〉 飲みました → 飲んだ
〈현재 부정〉 飲みません → 飲まない   〈과거 부정〉 飲みませんでした → 飲まなかった

동사의 어미 9개로 알아보는 반말체(보통체)

단어	그룹	의미	현재	과거	부정	과거 부정
会う	1그룹	만나다	会う	会った	会わない	会わなかった
聞く	1그룹	듣다	聞く	聞いた	聞かない	聞かなかった
行く	1그룹	가다	行く	行った	行かない	行かなかった
泳ぐ	1그룹	헤엄치다	泳ぐ	泳いだ	泳がない	泳がなかった
話す	1그룹	말하다	話す	話した	話さない	話さなかった
待つ	1그룹	기다리다	待つ	待った	待たない	待たなかった
死ぬ	1그룹	죽다	死ぬ	死んだ	死なない	死ななかった
読む	1그룹	읽다	読む	読んだ	読まない	読まなかった
遊ぶ	1그룹	놀다	遊ぶ	遊んだ	遊ばない	遊ばなかった
帰る	1그룹	돌아가(오)다	帰る	帰った	帰らない	帰らなかった
見る	2그룹	보다	見る	見た	見ない	見なかった
する	3그룹	하다	する	した	しない	しなかった
来る	3그룹	오다	来る	来た	来ない	来なかった

확인도장 꾸~욱!

1. 다음 보기와 같이 반말체(보통체) 표를 보며 빈 칸에 알맞게 써 보세요.

단어	의미	그룹	현재	과거	부정	과거 부정
〈보기〉書く	쓰다	1그룹	書く	書いた	書かない	書かなかった
ある	있다	1그룹			ない	
かける	걸다	2그룹		かけた		
話す	이야기하다	1그룹				話さなかった
習う	배우다	1그룹		習った		
呼ぶ	부르다	1그룹	呼ぶ			
食べる	먹다	2그룹			食べない	
来る	오다	3그룹	来る			

2. 다음 보기와 같이 공손체를 반말체(보통체)로 고쳐 보세요.

단어	의미	그룹	공손체	반말체(보통체)
〈보기〉歌う	노래를 부르다	1그룹	歌います	歌う
会う	만나다	1그룹	会いました	
教える	가르치다	2그룹	教えません	
降る	내리다	1그룹	降りません	
送る	보내다	1그룹	送りませんでした	
する	하다	3그룹	します	
知る	알다	1그룹	知りません	
出る	나오(가)다	2그룹	出ます	
着く	도착하다	1그룹	着きました	

67

술술 말문이 트이는 문장 연습

❶ ううん、私は　全然　知らなかった。　　아니, 난 전혀 몰랐었어.

❷ 私は　車が　ない。　　나는 차가 없다.

❸ カンナムで　恋人に　会った。　　강남에서 애인을 만났다.

❹ 昨日の　飲み会に　彼は　来なかった。　　어제 회식에 그 사람은 오지 않았다.

全然 전혀　　知らなかった 몰랐었다 (「知る(알다)」의 반말체(보통체) 과거 부정)

ない (「ある(있다)」의 ない형)　　会った 만났다 (「会う(만나다)」의 반말체(보통체) 과거)

飲み会 회식　　来なかった 오지 않았다 (「来る(오다)」의 반말체(보통체) 과거 부정)

제4장 07 동사가 명사를 꾸며 줄 때

[일본에서 산 옷이에요. → 日本で 買った 服です。]

위의 문장에서 '사다'라는 동사가 뒤에 오는 '옷'이라는 명사를 꾸며 주고 있네요. 동사의 반말체(보통체)도 명사와 형용사처럼 명사를 꾸며 주는 역할을 한답니다.

공식으로 한방에!

반말체(보통체) + 명사   연체형 (명사 꾸미기)

단어에 녹아드는 공식

買う	사다 (1그룹 동사)
買う 服	사는 옷, 살 옷
買った 服	산 옷
買わない 服	사지 않을 옷
買わなかった 服	사지 않은 옷

 확인도장 꾸~욱!

다음 보기와 같이 동사가 명사를 꾸며 주는 형태를 써 보세요.

단어	의미		동사의 반말체 + 명사
〈보기〉 行く + 時	가다	갈 때	行く 時
東京に ある + 店	있다	도쿄에 있는 가게	
東京に いる + 姉	있다	도쿄에 있는 언니	
来る + 人	오다	오지 않았던 사람	
終わる + 後	끝나다	끝난 후	
時間が ある + 人	있다	시간이 없는 사람	
会う + 人	만나다	만났던 사람	

 술술 말문이 트이는 문장 연습

❶ 私の 趣味は 本を 読む ことです。 저의 취미는 책을 읽는 것입니다.

❷ 授業が 始まる 前に たいてい 本を 読みます。
수업이 시작되기 전에 보통 책을 읽습니다.

❸ 授業が 終わった 後で 質問して ください。
수업이 끝난 후에 질문해 주세요.

❹ 東京に いる 友だちに 会いたいです。 도쿄에 있는 친구를 만나고 싶습니다.

 단어
趣味 취미   読む 읽다   こと 일, 것   授業 수업   始まる 시작되다   ~前に ~전에
たいてい 대개, 대체로   終わった 끝났다(「終わる(끝나다)」의 반말체 과거)   後で 나중에, 후에
質問 질문   ~て ください ~해 주세요

실력 쑥쑥 문제가 떴다!

1 다음 (　) 안에 들어갈 알맞은 조사를 고르세요.

(1) 私は 時々 映画(　) 見ます。

① は　　　② が　　　③ を　　　④ から

(2) 家の 近く(　) デパートが あります。

① に　　　② を　　　③ で　　　④ など

(3) いつも 地下鉄(　) 会社に 行きます。

① に　　　② は　　　③ を　　　④ で

(4) これは 先週 デパート(　) 買いました。

① で　　　② に　　　③ を　　　④ は

(5) 毎日 何時(　) 起きますか。

① で　　　② を　　　③ も　　　④ に

2 다음 밑줄 친 부분의 우리말을 일본어로 바르게 옮긴 것을 고르세요.

(1) 今朝は 一人で 朝ご飯を <u>먹었습니다</u>。

① 食べます　　　　　② 食べた

③ 食べました　　　　④ 食べません

(2) 私の 父は たばこを <u>안 피웁니다</u>。

① 吸います　　　　　② 吸いません

③ 吸いませんでした　④ 吸わません

실력쑥쑥 문제가 떴다!

(3) 昨日は　夜遅くまで　友だちと　놀았습니다。
① 遊びました　　　　　② 遊びます
③ 遊ぶ　　　　　　　　④ 遊んだ

(4) 일본에 있는　友だちに　会いたいです。
① 日本に　いる　　　　② 日本で　いる
③ 日本に　ある　　　　④ 日本で　ある

(5) 明日の　コンパに　갈 사람은　全部で　何人ですか。
① 行く　人　　　　　　② 行った　人
③ 行きました　人　　　④ 行かない　人

(6) 先週　デパートで　산　くつです。
① 買う　　　　　　　　② 買った
③ 買って　　　　　　　④ 買わない

3 다음 반말체(보통체) 표를 보고, 빈 칸에 들어갈 알맞은 말을 써 넣으세요.

단어	의미	현재	과거	부정	과거 부정
飲む	마시다	飲む	飲んだ		飲まなかった
行く	가다			行かない	
来る	오다		来た		
見る	보다				見なかった

4 다음 밑줄 친 부분의 공손체를 반말체(보통체)로 바르게 고친 것을 고르세요.

(1) 昨日は 雨が 降りました。
① 降んだ　　　　② 降た
③ 降った　　　　④ 降りた

(2) 私は 何も しませんでした。
① しない　　　　② しなかった
③ しまなかった　④ しらなかった

(3) 今 お金が 全然 ありません。
① あらない　　　② あらなかった
③ ない　　　　　④ なかった

(4) 明日 山に のぼります。
① のぼる　　　　② のぼらない
③ のぼった　　　④ のぼらなかった

(5) 恋人には 会いませんでした。
① 会うない　　　② 会わない
③ 会うなかった　④ 会わなかった

(6) 昨日 母の ために おかゆを 作りました。
① 作った　　　　② 作る
③ 作らなかった　④ 作らない

73

실력 쑥쑥 문제가 떴다!

5 다음 글을 읽고, 질문에 답해 보세요.

> 林さんの 日記　五月三日　水曜日　晴れ
> 昨日は 休みでしたから 会社には 行きませんでした。
> それで 昨日は 高校の 時の 友だちに 会いました。
> 昨日は 友だちと 一緒に 映画を 見ました。
> それから 一緒に お酒も 飲みました。
> 私は お酒は 飲みますが、たばこは 吸いません。
> 大学の 時は たばこを 吸いましたが、三年前に たばこを 止めました。　　　（中略）

(1) 林さんは 五月二日には 何を しましたか。
_____

(2) 林さんは 今 たばこを 吸いますか。
_____

(3) たばこは いつ 止めましたか。
_____

(4) 林さんは 五月二日に 会社に 行きましたか。
_____

(5) 林さんは 友だちと 一緒に 何を しましたか。
_____

제5장

반말체(보통체)에 붙는 문형

지금까지 1장부터 4장에 걸쳐서 전 품사의 반말체(보통체)를 모두 공부했습니다. 그럼, 이제부터는 이 반말체(보통체)에 붙는 여러 가지 문형들을 살펴봐야겠지요. 이때 아주 중요한 것은 명사와 な형용사의 현재형 반말체(보통체)에 문형들이 접속될 때 어미 「だ」의 모습이 네 가지로 바뀐다는 사실이에요. 먼저 아래의 표를 보면서 잘 살펴 보세요.

단어	명사·な형용사의 어미「だ」	문형	
きれいだ 休(やす)みだ	① 어미 「だ」를 그대로 붙이기	きれいだそうです きれいだと 思(おも)います きれいだから きれいだし きれいだが	예쁘다고 합니다 예쁠 거라고 생각합니다 예쁘니까 예쁘고 예쁘지만
	② 어미 「だ」를 「な」로 바꾼 다음 붙이기	きれいなんです きれいなので きれいなのに	예쁘거든요 예뻐서 예쁜데도 불구하고
	③ 어미 「だ」를 떼고 붙이기	きれいでしょう きれいかも しれません きれいみたいです きれいらしいです	예쁘겠죠 예쁠지도 모릅니다 예쁜 것 같습니다 예쁜 것 같습니다
	④ 명사에는 「の」를 붙이고, な형용사의 어미는 「な」로 바꾼 다음 붙이기	休(やす)みの ようです はずです きれいな ようです はずです	휴일인 것 같습니다 틀림없이 휴일일 겁니다 예쁜 것 같습니다 틀림없이 예쁠 겁니다

제5장 01 반말체(보통체)에 접속하는 문형 유형 I

(1) ~と 思う   ~라고 생각하다 〈생각과 추측〉
(2) ~そうだ   ~라고 한다 〈듣거나 읽은 정보를 전달〉
(3) ~から   ~(이)기 때문에, ~(이)니까 〈원인·이유〉
(4) ~し~し   ~(이)고, (게다가 ~(이)고) 〈첨가와 강조의 열거〉

 공식으로 한방에

품사	의미	접속 형태	
명사	風邪 감기	風邪だ 風邪だった 風邪じゃ ない 風邪じゃ なかった	+ と 思います + そうです + から + し、~し
な형용사	きれいだ 예쁘다	きれいだ きれいだった きれいじゃ ない きれいじゃ なかった	
い형용사	高い 높다, 비싸다	高い 高かった 高く ない 高く なかった	
동사	降る 내리다	降る 降った 降らない 降らなかった	

1　～と 思う　～라고 생각하다 〈생각과 추측〉

[일본어는 매우 재미있다고 생각해요. →
日本語は とても 面白いと 思います。]

「～と 思う」는 위의 문장처럼 자신의 생각이나 미래의 일에 대한 추측을 나타낼 때 사용하는 표현이랍니다.

① 林　：三木さんは 田中さんのこと どう 思いますか。
　　　미키 씨는 다나카 씨에 대해서 어떻게 생각합니까?
　　三木：私は いい 人だと 思います。
　　　저는 좋은 사람이라고 생각합니다.
② この頃 韓国の 物価は とても 高いと 思います。
　　요즘 한국의 물가는 너무 비싸다고 생각합니다.
③ 明日は 晴れると 思います。
　　내일은 맑을 거라고 생각합니다.
④ 彼女は たぶん 来ないと 思います。
　　그녀는 아마 오지 않을 거라고 생각합니다.

~のこと 에 대해서
どう 어떻게
いい 좋다
この頃 요즘
物価 물가
明日 내일
晴れる 맑다, 개다
彼女 그녀
たぶん 아마
来ない 오지 않다

2　～そうだ　～라고 한다 〈듣거나 읽은 정보를 전달〉

[친구가 그러는데 지금 도쿄는 덥다고 해요. →
友だちに よると 今 東京は 暑いそうです。]

위의 문장은 친구에게서 들은 정보를 이야기 하고 있네요.
「～そうだ」라는 표현은 이렇게 백퍼센트 남(외부)에게서 전해들은 이야기와 정보를 전할 때 사용하는 표현이랍니다. 그리고 정보의 출처를 밝힐 때는 「～に よると(~에 의하면)」라는 표현을 함께 사용하여 나타내면 됩니다.

① 林　：家族と　一緒に　食事を　するんですが、どこが　美味しいですか。
가족과 함께 식사를 할 건데, 어디가 맛있습니까?

三木：雑誌に　よると「ババ」と　いう　店が　美味しいそうです。
잡지에 의하면 '바바'라고 하는 가게가 맛있다고 합니다.

② 天気予報に　よると　明日　雨が　降るそうです。
일기예보에 의하면, 내일 비가 내릴 거라고 합니다.

③ 噂に　よると　彼女は　何も　知らなかったそうです。
소문에 의하면, 그녀는 아무것도 몰랐다고 합니다.

食事 식사
美味しい 맛있다
雑誌 잡지
〜と　いう 〜라고 하는
天気予報 일기 예보
雨が　降る 비가 내리다
噂 소문
知る 알다

3　〜から　〜(이)니까, 〜(이)기 때문에 〈원인·이유〉

[복잡하니까 줄을 서 주세요. → 込んで　いるから　並んで　ください。]

위의 문장에서 줄을 서 달라고 말하는 이유는 복잡하기 때문이지요.
이처럼 「〜から」는 원인이나 이유를 나타내는 표현이며, 비슷한 표현으로는 「〜ので p83」와 「〜て(で) p101」가 있답니다. 그럼, 자세히 살펴 볼까요?

▶ 반말체(보통체) 또는 공손체 + から

▶ 「〜から」 뒤에는 주로 주관을 나타내는 권유, 희망, 금지 등의 표현이 옵니다.

暑いから　クーラーを　つけて　ください。
더우니까 에어컨을 켜 주세요.

大丈夫ですから、心配しないで　ください。
괜찮으니까, 걱정하지 마세요.

▶ 「〜からです」의 형태로 문장을 끝낼 수도 있습니다.

ちょっと　疲れたからです。
조금 피곤하기 때문입니다.

① 林 ：三木さん！ どうして 今度の 旅行に 行かないんですか。
　　　미키 씨! 이번 여행에 왜 안 가는 겁니까?

　三木：お金と 時間が ないからです。
　　　돈이랑 시간이 없기 때문이에요.

② 重要な 約束ですから、忘れないで ください。
　중요한 약속이니까, 잊지 말아 주세요.

③ 今日は 疲れたから 明日 来て ください。
　오늘은 피곤하니까, 내일 오세요.

tip | 「疲れる(피곤하다)」라는 동사는 상태 동사이기 때문에 지금 피곤하다는 표현은 「疲れる」라고 하지 않고 「疲れた」 또는 「疲れて いる」라고 표현해야 한다는 점에 주의하세요.

| どうして 왜, 어째서 |
| 旅行 여행 |
| ない 없다 |
| 重要だ 중요하다 |
| 忘れる 잊다 |
| ~ないで ください ~하지 말아 주세요 |
| ~て ください ~해 주세요 |

4 ~し (~し) ~(이)고 (게다가 ~(이)고) 〈첨가와 강조의 열거〉

[다나카 씨는 얼굴도 잘생겼고 게다가 부자고, 순정파래요! →
田中さんは ハンサムだし お金持ちだし、優しいそうです。]

어떤 소녀의 말에서 우리는 다나카 씨가 최고의 남성이라는 걸 알 수 있겠죠? 이렇듯 「~し」의 문형은 첨가와 강조의 열거를 나타내는 문형이랍니다. 그럼, 이제 더욱 자세히 살펴볼까요?

▶ 이유를 열거하거나 강조하고 싶은 상황의 열거에 사용합니다.

A：どうして 早く 帰ったんですか。
　왜 일찍 돌아갔나요?

B：昨日は 調子も 悪かったし 雨も 降ったから 早く 帰ったんです。
　어제는 컨디션도 나빴고, 게다가 비도 내렸기 때문에 일찍 돌아갔습니다.

↳ 왜 일찍 돌아갔느냐는 질문에 대한 이유를 열거하고 있죠.

▶ 본인이나 주변 사람들에 대한 이야기를 할 때 사용하면 뽐내는 느낌이 들 수도 있으니까, 주의하세요.

林　：田中さんの　恋人は　どんな　人ですか。
　　　다나카 씨의 애인은 어떤 사람입니까?

三木：私の　恋人は　きれいだし　背も　高いし　とても　いい　人です。
　　　제 애인은 예쁘고 게다가 키도 크고, 아주 좋은 사람이에요.

↳ 자신의 애인을 너무 자랑하는 느낌이 들죠? 이런 경우에는「私の　恋人は　きれいで　背が　高くて　いい　人です」라고 하는 것이 좋답니다.

① 林：三木さんは　どうして　そんなに　原君が　嫌いなんですか。
　　　미키 씨는 어째서 하라 군을 싫어하는 거예요?

　　三木：原君は　優しく　ないし、真面目じゃ　ないからです。
　　　하라 군은 상냥하지 않고, 성실하지도 않기 때문이에요.

② ここは　親切だし　安いし、とても　いい　店なんです。
　　　여기는 친절하고 게다가 싸기까지 한 굉장히 좋은 가게예요.

③ 彼は　面白いし　性格も　いいから、人気が　あると　思います。
　　　그 사람은 재미있고 게다가 성격도 좋기 때문에, 인기가 있다고 생각합니다.

そんなに 그렇게
~君 군 (호칭)
嫌いだ 싫어하다
優しい 상냥하다
真面目だ 성실하다
親切だ 친절하다
安い 싸다
面白い 재미있다
性格 성격

제5장 02 반말체(보통체)에 접속하는 문형 유형 Ⅱ

(1) ~んです　　~(이)거든요, ~(이)라는 말입니다 〈강조와 이유를 나타내는 공손체〉
(2) ~ので　　　~(이)기 때문에, ~(이)니까 〈원인·이유〉
(3) ~のに　　　~인데, ~인데도 불구하고 〈역접〉

 공식으로 한방에!

※ 여기서 명사에는 「な」를 붙이고, な형용사의 어미 「だ」는 「な」로 바뀝니다.

단어	의미	접속 방법	
学生	학생	学生な 学生だった 学生じゃ ない 学生じゃ なかった	
暇だ	한가하다	暇な 暇だった 暇じゃ ない 暇じゃ なかった	+ んです + ので + のに
痛い	아프다	痛い 痛かった 痛く ない 痛く なかった	
行く	가다	行く 行った 行かない 行かなかった	

1 〜んです　〜(이)거든요, 〜(이)라는 말입니다
〈강조와 이유를 나타내는 공손체〉

[저는 전혀 몰랐었거든요. → 私は 全然 知らなかったんです。]

위의 문장은 그냥 단순하게 몰랐다는 얘기를 한다기보다는 정말로 자신이 몰랐었다는 것을 강조하거나 이유와 변명을 하고 있는 느낌이 드는 말투입니다.
이처럼 일본어에서는 이유를 묻고 답하거나 강조를 나타내고자 할 때는 반말체(보통체)에 「〜んです」를 접속시킨 공손체를 사용해서 말한답니다. 자, 그럼 이유를 설명하는 경우와 강조하는 경우의 쓰임새에 대해 자세히 살펴 볼까요?

▶ 반말체(보통체) + んです

▶ 이유를 설명하는 경우
  三木：田中さん！ どうしたんですか。顔色が 悪いんですね。
  　　다나카 씨! 무슨 일입니까? 안색이 안 좋네요.
  　↳ 평소에 밝고 좋은 다나카 씨가 오늘따라 어둡거나 평소와는 다른 모습을 보일 때 일본어에서는 상대가 왜 그러는지 너무 궁금하다는 의미로「〜んですか」를 이용해서 질문을 한답니다.

  田中：今 風邪なんです。감기거든요.
  　↳ 평소와 다르게 행동하게 된 이유를「〜んです」표현을 이용해서 나타낼 수 있답니다.

▶ 강조하는 경우
  三木：田中さんは たばこを 吸いますよね。다나카 씨는 담배를 피우죠?
  田中：いいえ、吸わないんですよ。아니요. 피우지 않아요.
  　↳ 만약에 다나카 씨가 담배를 안 피운다면 다나카 씨는 미키에게 담배를 안 피운다는 것을 강조하며 말해야 겠죠. 이렇게 어떤 사실을 강조하는 경우에도「〜んです」표현을 이용한답니다.

① その 件に ついて 私は 全然 知らなかったんです。
   그 건에 대해서 저는 전혀 몰랐었거든요.

② どこに 行くんですか。
   어디 가는 거예요?

③ 本当なんですから 信じて くださいよ。
   정말이니까 믿어 주세요.

〜件 〜건
に ついて 〜에 대해서
本当だ 정말이다
信じる 믿다

2 〜ので 〜(이)기 때문에, 〜(이)니까 〈원인·이유〉

[간단하니까 누구나 할 수 있어요. → 簡単なので 誰でも できます。]

위의 문장에서 누구나 할 수 있는 이유는 간단하기 때문이지요. 이처럼 「〜ので」 표현은 앞 [5장-3]에서 알아본 「〜から p78」처럼 어떤 일의 원인과 이유를 나타낼 때 쓰는 표현이랍니다. 그럼, 더욱 자세히 살펴 볼까요?

▶ 반말체(보통체) 또는 공손체 + ので

▶ 앞뒤 상황의 관계가 당연한 상황의 원인과 이유를 나타내기 때문에 「〜ので」 뒤에는 주관을 나타내는 표현은 오지 않습니다.

朝寝坊を したので 遅れて しまいました。
늦잠을 잤기 때문에 늦고 말았습니다.

風邪を ひいたので 薬を 飲みました。
감기에 걸렸기 때문에 약을 먹었습니다.

▶ 「〜から」에 비해 정중한 느낌을 주기 때문에 변명을 하거나 거절을 하는 경우에 사용합니다.

今日は 他の 約束が あるので、また 今度 お願いします。
오늘은 다른 약속이 있으니까, 다음에 다시 부탁합니다.

▶ 정중한 느낌의 표현이기 때문에 정중하게 부탁할 때도 사용합니다. (단, 이 경우에만 주관을 나타내는 표현이 올 수 있습니다.)

お客様! すぐ お持ちしますので、少々 お待ちください。
손님! 바로 가져다 드릴 테니까 잠시만 기다려 주세요.

① 林 : 三木さん! どうして 薬を 飲んだんですか。具合でも 悪いんですか。
미키 씨! 왜 약을 먹은 겁니까? 몸 상태가 나쁩니까(어디 아픕니까)?

三木 : 風邪を ひいたので 薬を 飲みました。
감기에 걸렸기 때문에 약을 먹었습니다.

tip | 「風邪を ひく(감기에 걸리다)」는 상태 동사이기 때문에 '감기에 걸렸다'라는 표현을 쓸 때는 「風邪を ひいた」 또는 「風邪を ひいて いる」라고 말해야 한다는 점에 주의하세요.

薬を 飲む 약을 먹다
具合(が) 悪い 몸 상태가 나쁘다
風邪を ひく 감기에 걸리다
暇だ 한가하다
欠席を する 결석을 하다
わかりません 모르겠습니다

② 今日は 暇なので 大丈夫です。
오늘은 한가하기 때문에 괜찮습니다.

③ 欠席を したので 何も わかりません。
결석을 했기 때문에 아무것도 모르겠습니다.

3 ～のに ～인데, ～인데도 불구하고〈역접〉

[세일인데도 너무 비싸네요. → セールなのに 高いです。]

위의 문장은 세일이라면 당연히 값이 싸야 하는데 기대와는 달리 비싼 가격 때문에 불만스럽다는 느낌을 나타내고 있네요. 이렇게 「～のに」 뒤에는 주로 기대에 어긋나거나 예상치 못했던 결과가 나옵니다. 그래서 뒷문장에 당연한 결과를 수반하는 「～ので」 표현과는 반대말 관계가 된답니다.

▶ 반말체(보통체) + のに

▶ 「～ので(～(이)니까, ～(이)기 때문에)」와 「～のに(～인데, ～인데도 불구하고)」는 반대말 관계입니다.

バーゲンセールなので 安いです。 바겐세일이기 때문에 쌉니다.

バーゲンセールなのに 全然 安く ないんです。 바겐세일인데도 불구하고 전혀 싸지 않습니다.

① 美味しいのに どうして 誰も 食べないんですか。
맛있는데 왜 아무도 먹지 않는 겁니까?

② クーラーを つけたのに 全然 涼しく なりませんね。
에어컨을 켰는데도 전혀 시원해지지 않네요.

③ 一生懸命 勉強したのに 駄目でした。
열심히 공부했는데 소용없었습니다.

誰も 아무도
クーラー 에어컨, つける 켜다
涼しい 시원하다
～く なる ～해지다
一生懸命 열심히
駄目だ 안 된다, 소용없다

제5장 03 반말체(보통체)에 접속하는 문형 유형Ⅲ

(1) ~でしょう　　　　~(이)겠죠, ~일 것입니다 〈근거로 판단하는 추측〉
(2) ~かも　しれない　~일지도 모른다 〈가능성이 있는 추측〉
(3) ~みたいだ　　　　~인 것 같다 〈감각기관을 이용한 주관적 추측, 비유, 예시〉
(4) ~らしい　　　　　~인 것 같다, ~답다 〈들은 정보에 의한 추측〉
(5) ~なら　　　　　　~라면, ~(할)거라면, ~(한)다면 〈확정조건〉

 공식으로 한방에!

※여기서 な형용사는 어미「だ」를 떼고 접속됩니다.

품사	단어	접속방법	
명사	雨 비	雨 雨だった 雨じゃ ない 雨じゃ なかった	+ でしょう + かも しれません + みたいだ + らしい + なら
な형용사	幸せだ 행복하다	幸せ 幸せだった 幸せじゃ ない 幸せじゃ なかった	
い형용사	面白い 재미있다	面白い 面白かった 面白く ない 面白く なかった	
동사	行く 가다	行く 行った 行かない 行かなかった	

1　～でしょう　～(이)겠죠, ～일 것입니다 〈근거로 판단하는 추측〉

[일본도 겨울이니까 아마 춥겠죠. →
　　　　　　日本も　冬だから　たぶん　寒いでしょう。]

위 문장에서는 일본이 겨울이라는 상황과 이유를 근거로 해서 아마 추울 것이라는 추측을 하고 있죠. 이렇게 「～でしょう」는 어떤 상황과 이유를 근거로 판단하는 추측을 나타내는 표현이에요. 이 표현은 주로 퀴즈에서 정답을 묻고 대답하거나 일기예보에서 많이 사용한답니다. 참고로, 「～でしょう」의 반말체는 바로 「～だろう」가 됩니다.

① 추측 – ～(이)겠죠, ～일 것입니다

▶ 어떤 상황과 이유를 근거로 판단하는 추측 표현으로, 이때 억양은 내려서 발음합니다.
　お母さんが　きれいだから　娘さんも　たぶん　かわいいでしょう。(↘)
　어머니가 예쁘니까, 따님도 아마 귀여울 것입니다.

▶ 상대방에게 추측의 의문을 나타내고자 할 때는 「～でしょうか(～일까요?)」를 이용해서 질문을 하면 됩니다.
　これは　何でしょうか。
　이것은 무엇일까요?

② 상대방에게 동의를 구하거나 확인 – ～죠? 그렇죠? (이때는 억양을 올려 발음합니다.)
　田中さんも　行くんでしょう。(↗)　そうでしょう。(↗)
　다나카 씨도 갈 거죠? 그렇죠?

① 日本も　冬ですから　たぶん　寒いでしょう。
　일본도 겨울이니까 아마 춥겠죠.

② もう　10時だから　たぶん　彼は　来ないでしょう。
　벌써 10시니까, 아마 그 사람은 오지 않을 겁니다.

③ A : 答えは　何番でしょうか。　답은 몇 번일까요?
　 B : 答えは　三番でしょう。　답은 3번일 겁니다.

④ 明日は　晴れ　時々　曇りでしょう。
　내일은 맑거나 가끔 흐릴 것입니다.

冬	겨울
寒い	춥다
もう	벌써
たぶん	아마
答え	답
何番	몇 번
番	～번 (순번을 나타내는 단위)
晴れ	맑음
曇り	흐림

2 ～かも しれない ～일지도 모른다 〈가능성이 있을 수 있다는 추측〉

[막힐지도 모르니까 빨리 나갑시다. →
   込むかも しれないから 早く 出ましょう。]

위의 문장은 막힐지 안 막힐지는 아무도 모르지만, 막힐 가능성이 있다고 추측을 하고 있네요. 이처럼 「～かも しれない」는 어떤 가능성이 있을 수 있다는 의미를 나타내는 추측 표현이랍니다.

① 林 : これは 辛いでしょうか。
   이것은 매울까요?

   三木 : うーん、辛く ないかも しれないから 食べて みましょう。
   음~, 맵지 않을지도 모르니까 먹어 봅시다.

② 田中さんは 家に いないかも しれません。
   다나카 씨는 집에 없을지도 모릅니다.

③ 道が 込むかも しれないから 早く 出ましょう。
   길이 막힐지도 모르니까, 일찍 나갑시다.

辛い 맵다
辛く ない 맵지 않다
いない 없다 (「いる(있다)」의 ない형)
道 길
込む 막히다, 붐비다
早く 일찍, 빨리
出る 나가(오)다

3 ～みたいだ ～인 것 같다, ～같다, ～처럼 〈주관적 추측〉

[환자 분은 아무래도 위염인 것 같습니다. →
   患者さんは どうも 胃炎みたいです。]

의사가 신이 아닌 이상 환자의 병을 「위염」이라고 단정지을 수는 없겠죠. 그래서 의사 본인의 경험을 토대로 진찰해 본 결과, 위염인 것 같다는 진단을 내린 것인데요. 이처럼 「～みたいだ」는 감각기관(맛 보고, 만져 보고, 보고, 들어 보고)을 통해 관찰하거나 자신의 경험과 머리로 판단해서 추측하는 주관적인 의미가 강한 추측 표현이랍니다. 같은 표현으로 「～ようだ p92」가 있는데, 회화에서는 주로 「～みたいだ」쪽을 많이 사용한답니다.

① 추측 – 아무래도 ~인 것 같다

▶ 의미 : 감각기관(맛 보고, 만져 보고, 보고, 들어 보고)을 통해 관찰하거나 자신의 경험과 머리로 판단해서 추측하는 주관적인 추측 표현

▶ 접속 : 반말체(보통체) + みたいだ (단, な형용사는 어미「だ」를 떼고 접속)

① 患者さんは どうも 胃炎みたいです。
환자분은 아무래도 위염인 것 같습니다.

② あの 店は いつも お客さんが 多いから 美味しいみたいです。
저 가게는 항상 손님이 많기 때문에 맛있는 것 같습니다.

③ 頭も 痛いし せきも 出るし 風邪を ひいたみたいです。
머리도 아프고 게다가 기침도 나오고, 감기에 걸린 것 같습니다.

④ 彼は お金持ちみたいですよ。
그 사람은 부자인 것 같아요.

患者	환자
どうも	아무래도
胃炎	위염
お客さん	손님
多い	많다
せきが 出る	기침이 나오다
お金持ち	부자

② 비유 – 마치 ~같다

▶ 의미 : [이 애기는 눈이 커서인지 인형 같아요. → この子は 目が 大きくて 人形みたいです。]
아기가 실제로 인형은 아니지만 귀여우니까 인형에 비유해서 말하는 표현이죠. 또한 비유의「みたいだ」는 な형용사처럼 활용도 한답니다.

▶ 접속 : 명사 + みたいだ

▶ 특징 : 비유를 나타내는「~みたいだ」는 な형용사처럼 활용합니다.

① この子は まるで 人形みたいです。　이 아이는 마치 인형 같습니다.
② 人形みたいな 顔。　　　　　　　　인형 같은 얼굴.
③ 人形みたいに かわいいです。　　　인형같이 귀엽습니다.

まるで	마치
人形	인형
顔	얼굴

③ 예시 – ~처럼

▶ 의미 : 누군가를 예로 들어 말할 때 사용합니다.

▶ 접속: 명사 + みたいだ

先生みたいに 日本語が 上手に なりたいです。
선생님처럼 일본어를 잘하고 싶습니다.

4 〜らしい 〜라는 것 같다, 〜인 것 같다, 〜답다 〈들은 정보에 의한 추측〉

[다나카 씨는 어제 여자친구한테 차였다는 것 같아요. →
田中(たなか)さんは 昨日(きのう) 彼女(かのじょ)に ふられたらしいです。]

다나카 씨가 차였다는 확실한 소문을 어디선가 들었지만, 단지 차였다는 것 같다는 추측 표현을 이용해서 말하는 것은 본인이 한 말에 대해 책임을 지고 싶지 않다는 속내가 숨어 있다고 볼 수 있습니다. 바로 이럴 때 사용하는 표현이 「〜らしい」입니다.

① 추측 – 〜인 것 같다, 〜라는 것 같다

▶ 「〜らしい」는 주로 전해들은 정보를 토대로 해서 일반적·사회적 통념만으로 추측하면서 자신이 한 말에 대해 책임지고 싶어하지 않는 속내가 담겨 있습니다.

▶ [5장의 3–1]에서 알아본 「〜みたいだ p.87」가 감각기관을 통해 관찰하거나 자신의 경험과 머리로 추측하는 표현이라면 「〜らしい」는 전해들은 정보를 토대로 사회적 통념만으로 추측하는 표현이라는 차이점이 있습니다.

あの 店(みせ)は 美味(おい)しいみたいです。 그 가게는 맛있는 것 같습니다.
↳ 그 가게에서 먹어 보지 않아서 확실하지는 않지만, 가게에 늘 손님이 많은 것을 보았거나 또는 손님들이 맛있게 먹는 것을 보았거나 해서 본인의 머리로 판단해 본 결과 맛있는 것 같다고 말하고 있는 느낌이 드는 표현입니다.

あの 店(みせ)は 美味(おい)しいらしいです。 그 가게는 맛있는 것 같습니다.
↳ 그 가게가 맛있다는 것을 어딘가에서 들어서 그 정보를 토대로 맛있는 것 같다고 말하고 있는 느낌을 표현합니다.

▶ 정보원이 불특정할 때는 「〜らしい」표현으로 나타내지만, 정보원이 정확할 때는 [5장의 1–2]에서 배운 「〜そうだ p.77」로 나타낸답니다.

① 彼(かれ)は 昨日(きのう) 彼女(かのじょ)に ふられたらしいです。
   그 사람은 어제 여자 친구에게 차였다는 것 같습니다.

② 彼(かれ)は 最近(さいきん) 忙(いそが)しいらしいです。
   그는 최근에 바쁘다는 것 같습니다.

③ 社長(しゃちょう)は 行(い)かないらしいです。
   사장님은 안 간다는 것 같습니다.

④ 飲(の)み会(かい)は 楽(たの)しく なかったらしいです。
   술자리는 즐겁지 않았다는 것 같습니다.

ふられた 차였다
  (「ふる(차다)」의 수동형의 과거)
忙(いそが)しい 바쁘다
行(い)かない 가지 않는다
  (「行(い)く(가다)」의 ない형)
楽(たの)しい 즐겁다

② 접미사 - ~답다

▶ 의미 : 어떤 격에 맞는다는 의미를 나타냅니다.

田中さんは 本当に 男らしいです。 다나카 씨는 정말로 남자답습니다.

▶ 접속 : 명사 + らしい

▶ 특징 : 접미사의 「~らしい」는 い형용사처럼 활용합니다.

女らしいです　여자답습니다

女らしい人　여자다운 사람

女らしくて　여자다워서

5　~なら　~라면. ~(할)거라면. ~(한)다면 〈확정조건〉

[온천 이라면 역시 후쿠오카 예요. →
　　　　　温泉なら　やっぱり　福岡ですね。]

이 표현은 누군가가 온천에 갈 생각인데 어디가 좋을지 물어 본 것에 대해 화자가 자신의 의견을 말하고 있는 느낌의 표현입니다.

① 상대의 이야기나 결심을 듣고 본인의 생각을 말하거나 말하는 사람의 의견, 조언, 충고를 말할 때 주로 사용한다.

金　：日本語が　早く　上手に　なりたいですけど…。
　　　일본어를 빨리 잘하고 싶습니다만….

田中：日本語が　上手に　なりたいなら　日本人の　友だちを　作ったほうが　いいですね。
　　　일본어를 잘하고 싶다면 일본인 친구를 만드는 게 좋아요.

② 뒤의 사실이 먼저 성립되고 그 후에 앞의 사실이 성립될 경우에 なら만 사용한다. (たら와 반대 p128)

① 日本に　行くなら　連絡して　ください。　　일본에 갈 거면 (가기 전에) 연락 주세요..
② 日本に　行ったら　連絡して　ください。　　일본에 가면 (간 후에) 연락 주세요.

제5장 04 반말체(보통체)에 접속하는 문형 유형 Ⅳ

(1) ~ようだ   ~인 것 같다 〈감각기관을 통한 주관적 추측, 비유, 예시〉
(2) ~はずだ   ~임에 틀림없다, 분명히 ~일 것이다 〈확신을 가지고 하는 추측〉

 공식으로 한방에!

품사	단어	접속 방법	
명사	休<ruby>やす</ruby>み 휴일	休<ruby>やす</ruby>み**の** 休<ruby>やす</ruby>みだった 休<ruby>やす</ruby>みじゃ ない 休<ruby>やす</ruby>みじゃ なかった	
な형용사	大変<ruby>たいへん</ruby>だ 힘들다	大変<ruby>たいへん</ruby>**な** 大変<ruby>たいへん</ruby>だった 大変<ruby>たいへん</ruby>じゃ ない 大変<ruby>たいへん</ruby>じゃ なかった	+ ようだ + はずだ
い형용사	いい 좋다	いい よかった よく ない よく なかった	
동사	来<ruby>く</ruby>る 오다	来<ruby>く</ruby>る 来<ruby>き</ruby>た 来<ruby>こ</ruby>ない 来<ruby>こ</ruby>なかった	

1 〜ようだ 〜인 것 같다, 〜같다, 〜처럼 〈주관적 추측〉

[다나카 씨는 아무래도 위염인 것 같습니다. →
　　　田中さんは　どうも　胃炎のようです。]

의사가 신이 아닌 이상 환자의 병을 위염이라고 단정 지을 수는 없겠죠. 그래서 의사 본인의 경험을 토대로 진찰해 본 결과 위염인 것 같다는 진단을 내린 것인데요. 이렇게 「〜ようだ」는 자신의 경험과 감각기관을 통해서 (맛 보고, 만져 보고, 보고, 들어 보고) 추측하는 표현이랍니다. 앞에서 배운 「〜みたいだ p.87」와 같은 표현이지요.

① 추측 – 아무래도 〜인 것 같다

▶ 의미 : 감각기관(맛 보고, 만져 보고, 보고, 들어 보고)을 이용한 관찰을 통해 자신의 머리로 추측하는 주관적인 추측 표현.

▶ 접속 : 반말체(보통체) + ようだ(단, 명사는 「の」에 접속되고, な형용사의 「だ」는 「な」로 바뀜)

① お客さんが 多いですね。セールの ようですね。
   손님이 많군요. 세일인 것 같네요.

② 何回 電話しても 電話に 出ません。家に いないようです。
   몇 번이나 전화해도 전화를 받지 않습니다. 집에 없는 모양입니다.

③ この 臭いは、うーん、ガスの 臭いのようですね。
   이 냄새는 음……. 가스냄새인 것 같군요.

何回 몇 회
〜回 〜회(횟수를 나타내는 단위)
電話に 出る 전화를 받다
臭い 냄새
ガス 가스

② 비유 – 마치 〜같다

▶ 의미 : 비유해서 말할 때 사용하는 표현입니다.

▶ 접속 : 명사 + の ようだ

▶ 특징 : 비유의 「ようだ」는 な형용사처럼 활용합니다.

① この 子は まるで 人形のようです。   이 아이는 마치 인형 같습니다.
② 人形のような 顔です。   인형 같은 얼굴입니다.
③ 人形のように かわいいです。   인형처럼 귀엽습니다.

③ 예시 - ~처럼

▶ 의미 : 무언가를 예로 들어 말하는 예시의 뜻을 나타내기도 합니다.

▶ 접속 : 명사 + のようだ

先生のように 日本語が 上手に なりたいです。
선생님처럼 일본어를 잘하고 싶습니다.

2 はずだ ~임에 틀림없다, 분명히 ~일 것이다
〈확신을 가지고 하는 추측〉

[우리가 틀림없이 이길 거예요. → 私たちが 勝つはずです。]

위의 문장은 이길 것이라는 것을 확신하고 있죠? 이처럼 「~はずだ」는 여러 정보와 사실을 근거로 볼 때 자신의 해석이 맞다면 어떤 일이 당연히 일어날 것임을 확신하는 추측 표현이랍니다. 참고로, 부정 표현인 「~はずが ない(~일 리가 없다)」라는 표현도 함께 기억해 두세요.

① 今まで 一生懸命 練習したから 今度の 試合は 勝つはずです。
지금까지 열심히 연습했기 때문에 이번 시합은 분명히 이길 겁니다.

② 有名な ブランドですから 高いはずです。
유명한 브랜드이기 때문에 틀림없이 비쌀 겁니다.

③ メールを 送りましたから 彼も 知って いるはずです。
메일을 보냈기 때문에 그 사람도 분명히 알고 있을 겁니다.

今まで 지금까지
練習 연습
試合 시합
勝つ 이기다
ブランド 브랜드
メール 메일
送る 보내다

실력 쑥쑥 문제가 떴다!

1 다음 문장을 읽고 [ ] 안에 들어갈 알맞은 말을 고르세요.

(1) 彼女が 一番 [きれい / きれいだ / きれいな] と 思います。

(2) 天気予報に よると 雨が [降るだ / 降り / 降る] そうです。

(3) 頭も 痛いし 鼻水も 出るし どうも [風邪 / 風邪の / 風邪だ] ようです。

(4) 林さんは 今度の 旅行に [行かない / 行って / 行かないで] らしいです。

(5) 一生懸命 勉強 [して / しない / した] のに 駄目でした。

(6) 交通が [便利な / 便利だ / 便利] ので 私は ここが 好きです。

(7) 昨日は どうして 早く ［帰る / 帰らない / 帰った］ んですか。

(8) 彼女は まるで ［人形な / 人形の / 人形］ みたいに かわいいです。

(9) 一生懸命 勉強したから 彼は 試験に ［受かるの / 受かる / 受かり］ はずです。

2 서로 어울리는 문장끼리 알맞게 연결해 보세요.

(1) たくさん 練習を したから　　・　・① お客さんが 多いです。

(2) あの 店は 美味しく ないのに　・　・② 窓を 閉めて ください。

(3) 寒いから　　　　　　　　　　・　・③ きっと 受かるはずです。

(4) この 子は 目が 大きいですね。・　・④ 事故で 十人が 死んだそうです。

(5) ニュースに よると　　　　　・　・⑤ まるで 人形のようです。

실력쑥쑥 문제가 떴다!

3 다음 문장 중 문법적으로 맞지 않은 문장을 고르세요.

① 風邪を ひいたので 薬を 飲みました。
② 彼は 会社員だでしょう。
③ 込むかも しれませんから 予約して ください。
④ 最近の 物価は とても 高いと 思います。

4 다음 대화를 보고 ( ) 안에 제시된 단어를 문장에 맞도록 올바르게 고쳐 쓰세요.

(1) 林 : どうして 遅れたんですか。
　　三木 : 朝寝坊を （する → 　　　　）ので 遅れました。

(2) 林 : どうしたんですか。顔色が 悪いんですね。
　　三木 : 今 ちょっと お腹が （痛い → 　　　　）んです。

(3) 林 : まだ バスが あるでしょうか。
　　三木 : もう 12時ですから （ある → 　　　　）でしょう。

(4) 林 : どうして 昨日の 飲み会に 来なかったんですか。
　　三木 : 昨日は 体の 調子も （悪い → 　　　　）し 他に 約束も あったからです。

(5) 林 : 三木さんは この料理が 美味しいと 思いますか。
　　三木 : いいえ、あまり （美味しい → 　　　　）と 思います。

(6) 林 : 砂糖は 全然 入れないで 作った パンですから （甘い → 　　　　）はずです。
　　三木 : そうですか。いただきます。

5 다음 문장의 ( ) 안에 들어갈 알맞은 부사를 보기에서 골라 써 넣으세요.

[보기] どうも　　たぶん　　まるで

(1) 彼女は（　　　　）モデルのように　スタイルが　いいですね。
(2) 何回も　家に　電話をしたんですが、電話に　出なかったんです。
　　（　　　　）家に　いないみたいです。
(3)（　　　　）会社に　いるでしょう。

6 다음 문장을 읽고 ( ) 안에 들어갈 알맞은 말을 써 넣으세요.

(1) 彼は　昼休みなのに　ご飯も　食べないで　仕事を　して　います。
　　彼は　（　　　　　　　　　　）みたいです。
(2) 彼女は　よく　食べる　人なのに　最近は　あまり　食べないです。
　　彼女は　（　　　　　　　　　　）みたいです。
(3) 田中さんは　いつも　明るい　人なのに　今日は　とても　暗いんです。
　　田中さんは　（　　　　　　　　　　　）みたいです。
(4) 服　売り場の　前に　人が　たくさん　集まって　います。
　　服が　（　　　　　　　　　　）みたいです。

Memo

제 6 장

て형과 て형에 접속되는 문형

일본어에서 て형은 두 가지 역할을 한답니다. '싸고 맛있습니다'의 て형처럼 '싸다'는 의미와 '맛있다'는 의미를 나열하는 역할과 '글씨가 작아서 안 보입니다'의 て형처럼 어떤 일의 원인과 이유를 나타내는 역할을 담당하죠. 또한, 동사의 て형 뒤에는 많은 문형들이 접속되어 여러 가지 의미를 나타내기 때문에 て형의 의미와 て형에 접속되는 문형을 꼭 알고 넘어가야겠죠? 자, 그럼 이제 て형에 대해 자세히 살펴 볼까요?

단어	て형	접속 문형	
する 하다	して	ください いる ある おく みる しまう くる いく も いい は いけない ほしい	해 주세요 하고 있다 해 있다 해 두다 해 보다 해 버리다 해 오다 해 가다 해도 된다 하면 안 된다 해 주길 바란다

제6장 01 て형 만드는 방법
~(하)고, ~(해)서

[싸고 맛있습니다. → 安(やす)くて 美味(おい)しいです。]

て형은 위 문장처럼 '싸다'는 의미와 '맛있다'는 의미를 열거하거나 [글씨가 작아서 안 보입니다. → 字(じ)が 小(ちい)さくて 見(み)えません。]처럼 글씨가 안 보이는 원인과 이유를 나타내는 2가지의 역할이 있답니다.

 공식으로 한방에!

품사	단어	만드는 방법	① 병렬·열거 - ~(하)고 ② 원인·이유 - ~(해)서	
명사	風邪(かぜ) 감기	「で」를 붙인다.	風邪(かぜ)で	감기고, 감기라서
な형용사	きれいだ 예쁘다	어미 「だ」를 「で」로 바꾼다.	きれいで	예쁘고, 예뻐서
い형용사	高(たか)い 비싸다	어미 「い」를 「く」로 바꾼 다음 「て」를 붙인다.	高(たか)くて	비싸고, 비싸서
동사	飲(の)む 마시다	동사의 た형(반말체 과거)과 만드는 방법이 같다. 1그룹 く → いて 　　　 ぐ → いで 　　　 う・つ・る → って 　　　 ぬ・む・ぶ → んで 　　　 す → して 2그룹 「る」를 떼고 → て 3그룹 する → して 　　　 来(く)る → 来(き)て	飲(の)んで *예외: 行(い)く(가다) → 行(い)って(가고, 가서)	마시고, 마셔서

100

① 나열 – ~(하)고

▶ 명사와 형용사의 て형은 단순한 나열을 의미하지만, 동사의 て형은 동작을 시간의 순서대로 나열하는 의미를 나타냅니다.

私の 彼氏は 今 会社員で、ハンサムで 優しくて いい 人です。
제 애인은 지금 회사원이고, 핸섬하고 상냥하고 좋은 사람입니다.

私は 朝 起きて いつも コーヒーを 飲みます。
저는 아침에 일어나서 항상 커피를 마십니다.

日本に 行って 日本人と 日本語で 話して みたいです。
일본에 가서 일본인이랑 일본어로 말해 보고 싶습니다.

▶ 부정형은 「ない형 + ~ないで(~지 않고) p138」가 됩니다.

ご飯を 食べないで 学校に 行きました。
밥을 먹지 않고 학교에 갔습니다.

② 원인·이유 – ~(해)서

▶ 원인과 이유를 나타내는 경우에는 앞에서 배운 「~から」나 「~ので」표현과 같은 의미를 나타낸다고 볼 수 있지만, 적극적인 이유를 나타내기 보다는 앞 상황의 결과 뒤의 상황이 된다는 의미가 강합니다. 그래서 て형 뒤에는 주관문이 올 수 없습니다.

お金を たくさん 使って 親に 叱られました。
돈을 많이 써서 부모님께 혼났습니다.

字が 小さくて 見えません。
글씨가 작아서 보이지 않습니다.

彼は 病気で 一年間 学校を 休みました。
그 사람은 병 때문에 1년간 학교를 쉬었습니다.

あの レストランは 静かで いいです。
저 레스토랑은 조용해서 좋습니다.

▶ 부정형은 「ない형 + ~なくて(~지 않아서)」가 됩니다.

時間が なくて 行けないです。
시간이 없어서 갈 수 없습니다.

확인도장 꾸~욱!

다음 보기와 같이 빈 칸에 들어갈 알맞은 て형을 써 넣으세요.

단어	의미	병렬의 て형 - ~(하)고	원인·이유의 て형 - ~(해)서	원인·이유의 부정형 - ~지 않아서
〈보기〉病気	병	病気で	病気で	病気じゃ なくて
食べる	먹다			
優しい	상냥하다			
真面目だ	성실하다			
買う	사다			
ある	있다			
する	하다			
暗い	어둡다			
書く	쓰다			
休み	휴일			
わかる	알다			
小さい	작다			
簡単だ	간단하다			
いい/よい	좋다			
来る	오다			

제6장 02 ～て ください
～해 주세요, ～하세요 〈부탁, 지시〉

[잘 들으세요. → よく 聞いて ください。]

위의 문장은 상대방에게 잘 들어 줄 것을 요구하고 있네요.
「～て ください」는 상대방에게 어떤 행위를 할 것을 요구하거나 부탁, 가볍게 명령할 때 쓰는 표현이랍니다. 참고로, 공손하게 말하고 싶을 때는 「～て くださいませんか / ～て いただけませんか(~해 주시지 않겠습니까)」라고 하며, 부정 표현은 「～ないで ください(~하지 말아 주세요)p139」가 됩니다.

공식으로 한방에!

단어	접속 형태	
聞く	聞いて ください	들어 주세요
듣다	聞かないで ください	듣지 말아 주세요

① どうぞ 食べて ください。
　어서 드세요.

② 明日 もう 一度 来て ください。
　내일 한 번 더 와 주세요.

③ 重要だから よく 聞いて ください。
　중요하니까 잘 들어 주세요.

どうぞ 어서, 아무쪼록 (뭔가를 권할 때 쓰는 말)　　もう 一度 한 번 더
来て (오다 「来る」의 て형)　　重要だ 먼저　　よく 잘, 자주

제6장 03 ~て いる
~하고 있다, ~되어 있다 〈진행, 상태, 습관〉

일본어에서「~て いる」의 의미는 크게 세 가지로 나뉘는데,

[지금 공부를 하고 있어요. → 今 勉強を して います。]

위의 문장은 '공부를 하고 있는 중'이라는 진행의 의미를 나타냅니다.

[불이 켜져 있어요. → 電気が ついて います。]

위의 문장은 불을 켜는 행위가 끝난 후 켜진 결과가 남아 있는 상태의 의미를 나타냅니다.

[매일 운동을 해요. → 毎日 運動を して います。]

위의 문장은 항상 반복적으로 하고 있는 습관의 의미를 나타냅니다.
이처럼「~て いる」에는 위의 문장들처럼 세 가지의 뜻을 담고 있습니다. 그럼, 좀 더 자세히 살펴 볼까요?

 공식으로 한방에!

단어	접속 형태	
する 하다	して います	하고 있습니다
	して いません	하고 있지 않습니다

① 진행

▶ 주로 '~하고 있(습니)다'라고 해석합니다.

▶ 동작성 동사와 타동사(조사「を」를 취하는 동사)의「~て いる(います)」가 진행의 의미를 나타냅니다.

 新聞を 読む
 友だちと 話す
 車を 止める
 歌を 歌う

① 新聞を 読んで います。　　　신문을 읽고 있습니다.
② 友だちと 話して います。　　친구랑 이야기하고 있습니다.
③ 車を 止めて います。　　　　차를 세우고 있습니다.
④ 今 歌を 歌って います。　　 지금 노래를 부르고 있습니다.

② 상태

▶ 주로 '~해져 있다'라고 해석합니다.

▶ 상태 동사, 착용 동사, 자동사(조사 「を」를 취하지 않는 동사)의 「~て いる(います)」는 상태의 의미를 나타냅니다.

▶ 「行く(가다)·来る(오다)·帰る(돌아가(오)다)」의 「~て いる」 표현은 상태를 나타내기 때문에
　日本に 行って います　　　일본에 (가고 ✗습니다) 가 있습니다.
　学校に 来て います　　　　학교에 (오고 ✗습니다) 와 있습니다.
　家に 帰って います　　　　집에 (돌아가✗ 있습니다) 돌아가 있습니다.
라고 해석해야 한다는 것을 기억해 두세요!

眼鏡を かける　　ズボンを はく　　お金が 落ちる　　パンが 入る　　太る

① 眼鏡を かけて います。　　　안경을 쓰고 있습니다(썼습니다).
② ズボンを はいて います。　　바지를 입고 있습니다(입었습니다).
③ お金が 落ちて います。　　　돈이 떨어져 있습니다.
④ パンが 入って います。　　　빵이 들어 있습니다.

⑤ 私は 太って いますが、母は 太って いません。
저는 뚱뚱합니다만, 엄마는 뚱뚱하지 않습니다.

③ 습관과 주거, 근무하고 있는 의미를 나타내기도 합니다.

▶ 주로 '～합니다, ～하고 있습니다'로 해석합니다.

▶ 습관을 나타내는 표현은 「～て いる」로 나타내기도 하지만, ます형으로도 나타낼 수 있답니다.
① 毎日 コーヒーを 三杯ぐらい 飲んで います（＝飲みます）。
매일 커피를 3잔정도 마십니다.
② 今 日本に 住んで います。　　　지금 일본에 살고 있습니다.
③ 今 日本の 会社に 勤めて います。　지금 일본 회사에 근무하고 있습니다.

Tip
자동사와 타동사 구분하기

자동사		타동사	
が 開く	열리다	を 開ける	열다
が 閉まる	닫히다	を 閉める	닫다
が つく	켜지다	を つける	켜다
が 消える	꺼지다	を 消す	끄다
が 落ちる	떨어지다	を 落とす	떨어뜨리다
が 止まる	멈춰서다	を 止める	세우다
が 入る	들어가다	を 入れる	넣다
が 並ぶ	늘어서다	を 並べる	늘어세우다
が 治る	고쳐지다	を 治す	고치다
が 壊れる	고장 나다	を 壊す	고장 내다
が 破れる	찢어지다	を 破る	찢다

착용 동사

장식		착용 동사	의미
帽子(ぼうし) 모자		かぶる	쓰다
眼鏡(めがね) 안경		かける	쓰다
上着(うわぎ) 윗옷 セータ 스웨터 スーツ 정장 水着(みずぎ) 수영복	シャツ 셔츠 ワンピース 원피스 背広(せびろ) 정장	着(き)る	입다
ズボン 바지 ジーンズ 청바지	スカート 치마	はく	입다
靴(くつ) 구두	靴下(くつした) 양말	はく	신다
ネクタイ 넥타이	スカーフ 스카프	する	하다

상태 동사

단어	의미	단어	의미
晴(は)れる	맑다	お腹(なか)が 空(す)く	배가 고프다
曇(くも)る	흐리다	喉(のど)が 乾(かわ)く	목이 마르다
疲(つか)れる	피곤하다	太(ふと)る	뚱뚱하다, 살찌다
風邪(かぜ)を ひく	감기에 걸리다	やせる	마르다, 살빠지다

제6장 04 ~て ある
~(해)져 있다, ~해 놓았다 〈타동사의 상태〉

[(아까 창문을 열어 놓아서) 지금 창문이 열려 있어요. →
今 窓が 開けて あります。]

위의 문장에서 열려 있는 창문은 그냥 열려 있다는 것이 아니라 일부러 열어 놓아서 열려 있다는 의미를 나타낸답니다. 이렇게 「~て ある」는 인위적인 상태를 의미하기 때문에 자연스럽게 되어 있는 상태를 의미하는 6장의3 자동사의 상태와는 그 의미가 다르답니다.

 공식으로 한방에!

단어	접속 형태	
開ける 열다	開けて あります	열려 있습니다.

▶ 주로 해석은 '~(해)져 있(습니)다, ~해 놓았(습니)다'라고 합니다.

▶ 자동사의 상태는 「자동사 + て いる」로 나타내고, 타동사의 상태는 「타동사 + て ある」로 나타냅니다.

① 窓が 開く。　　　　　　　　창문이 열리다. 〈자동사〉
　 窓が 開いて います。　　　창문이 열려 있습니다.
　 ↳ 바람에 열려 있는 것인지 누군가가 열어서 열려 있는 것인지에 관계없이 지금 창문이 열려 있다는 사실만이 중요한 표현입니다.

② 窓を 開ける。　　　　　　　창문을 열다. 〈타동사〉
　 窓が 開けて あります。　　창문이 열려 있습니다.
　 ↳ 냄새나 환기를 위해서 좀 전에 열어 놓았기 때문에 지금 열려 있다던가, 분명히 창문을 잠가두었는데 누군가가 침입해서 열려져 있다는 등 누군가가 열어서 열려 있는 상태가 되어 있다는 것이 중요한 표현입니다.
　 ↳ 원래 타동사 앞에는 조사 「を」가 와야 하지만, 상태를 나타낼 때는 조사가 「が」로 바뀝니다.

▶ 三木さんは 저녁에 놀러올 손님을 위해서 쇼핑을 하고 방을 정리정돈 했습니다.

窓を 開ける　　　　　　　冷蔵庫に ビールと 果物を 入れる
電気を つける　　　　　　時計を かける
テーブルの 上に 花を 置く　掃除を する

① 今 掃除が して あります。
   청소가 되어 있습니다(청소를 해 놓았습니다).

② 窓が 開けて あります。
   창문이 열려져 있습니다(창문을 열어 놓았습니다).

③ 冷蔵庫に ビールと 果物が 入れて あります。
   냉장고에 맥주랑 과일이 사여져 있습니다(사 놓았습니다).

④ 電気が つけて あります。
   전기가 켜져 있습니다(켜 놓았습니다).

⑤ 壁に 時計が かけて あります。
   벽에 시계가 걸려 있습니다(걸어 놓았습니다).

⑥ テーブルの 上に 花が 置いて あります。
   테이블 위에 꽃이 놓여 있습니다(올려 놓아 두었습니다).

109

제6장 05 ～て おく
～해 두다, ～해 놓다〈준비〉

[아까 창문 열어 놓았어요. → さっき 窓を 開けて おきました。]

위의 문장은 환기나 더위를 이유로 창문을 일부러 열어 놓았다는 이야기를 하고 있죠. 이처럼 「～て おく」는 '어떤 일을 미리 준비해 두다(놓다), 일부러 해 두다(놓다)'라는 의미를 나타내는 표현입니다. 그래서 이 표현은 6장의 4에서 배운, 일부러 해 놓은 상태를 나타내는 타동사의 상태 표현(「～て ある」)과 같은 의미를 갖는답니다.

 공식으로 한방에!

단어	て형		접속 형태
開ける 열다	開けて	おく	열어 두다
		おきます	열어 두겠습니다 〈미래, 의지〉
		おきました	열어 두었습니다 〈결과〉
		おいて ください	열어 두세요 〈명령, 부탁〉

① チケットは 私が 予約して おきました。=(予約して あります)
티켓은 제가 예약해 두었습니다.

② 田中さんに「よろしく」と 言って おきます。
다나카 씨에게 '잘 부탁한다'고 말해 두겠습니다.

③ メモを 書いて おいて ください。
메모를 써 두세요.

 よろしく 잘 (인사말에서 사용) 言って (말하다 「言う」의 て형) メモ 메모

제6장

06 ~て みる
~해 보다 〈경험, 시도〉

[저도 일본에 가 봤어요. → 私(わたし)も 日本(にほん)に 行(い)って みました。]

위 문장은 일본에 간 경험이 있다는 것을 나타내고 있네요. 「~て みる」는 시도해 보거나 경험해 본 것을 나타내는 표현이랍니다.

공식으로 한방에!

단어	て형	접속 형태	
行(い)く 가다	行(い)って	みる	가 보다
		みます	가 보겠습니다 〈미래, 의지〉
		みました	가 봤습니다 〈결과〉
		みたいです	가 보고 싶습니다 〈희망〉
		みて ください	가 보세요 〈명령, 부탁〉

① 私(わたし)も その 本(ほん)は 読(よ)んで みました。
저도 그 책은 읽어 보았습니다.

② とても いい 所(ところ)ですから 一度(いちど) 行(い)って みて ください。
굉장히 좋은 곳이니까, 한 번 가 보세요.

③ アフリカに まだ 行(い)ったことが ありませんから 一度(いちど) 行(い)って みたいです。
아프리카에 아직 간 적이 없기 때문에 한 번 가 보고 싶습니다.

단어
ところ 곳, 장소　まだ 아직　~た ことが ありません ~한 적이 없습니다

제6장 07 ～て しまう
～해 버리다, ～하고 말다 〈완료, 유감〉

[벌써 말해 버렸는데요. → もう 言って しまいました。]

위의 문장은 벌써 말해 버린 것에 대해 당황하고 있죠? 이처럼 「～て しまう」는 말하는 사람의 유감스러운 감정이나 어떤 동작의 완료됨을 강조하여 말하고 싶을 때 쓰는 표현이랍니다.

 공식으로 한방에!

단어	て형	접속 형태	
言う 말하다	言って	しまう	말해 버리다
		しまいます	말해 버리겠습니다 〈미래, 의지〉
		しまいました	말해 버렸습니다 〈결과〉
		しまって ください	말해 버리세요 〈명령, 부탁〉

① 飲まないと 約束を したのに、また 飲んで しまいました。
   마시지 않는다고 약속했는데도 불구하고 또 마시고 말았습니다.

② 申し込みは 昨日で 終わって しまったんです。
   신청은 어제로 끝나 버렸습니다.

③ 早く やって しまいましょう。
   빨리 해 버립시다.

 また 또, 다시   申し込み 신청   早く 빨리   やる 하다

제6장 08 ～て くる
～해 오다, ～되어 오다 〈이동〉

[내일 꼭 가져 올게요. → 明日 持って きます。]
[점점 개어오네요. → だんだん 晴れて きましたね。]

첫 번째 문장은 공간적 이동을 나타내고, 두 번째 문장은 어떤 상태가 변화되어 현재의 상태로 가까워져 온다는 시간적 이동을 나타냅니다. 이처럼「～て くる」는 공간적 이동과 시간적 이동 이렇게 두 가지의 의미를 나타낸답니다.

 공식으로 한방에!

단어	て형	접속 형태	
持つ 가지다, 들다	持って	くる きます きました きて ください	가져 오다 가져 오겠습니다 〈미래, 의지〉 가져 왔습니다 〈완료〉 가져 오세요 〈명령, 부탁〉

① 明日 必ず 持って きて ください。
   내일 반드시 가져 오세요.

② 日本から 昨日 帰って きました。
   일본에서 어제 돌아왔습니다.

③ 晴れて きましたね。
   맑아졌네요.

 必ず 반드시   晴れて (맑다, 개다 晴れる의 て형)

113

제6장 **09** ～て いく
～해 가다, ～되어 가다 〈이동〉

[긴 소매를 가져 가세요. → 長袖を 持って いって ください。]
[점점 발전되어 가네요. → だんだん 発展して いきます。]

첫 번째 문장은 공간적 이동을 나타내고, 두 번째 문장은 어떤 상태로 점점 변해 간다는 시간적 이동의 의미를 나타냅니다. 이처럼「～て いく」는 공간적 이동과 시간적 이동 두 가지 의미를 나타냅니다.

 공식으로 한방에!

단어	て형	접속 형태	
持つ 가지다 들다	持って	いく いきます いきました いって ください	가지고 가다 가지고 가겠습니다 가지고 갔습니다 가지고 가세요

① 寒いかも しれないから、長袖を 持って いって ください。
추울지도 모르니까, 긴 소매를 가지고 가세요.

② この コンピューター 壊れたみたいですね。買った 店に 持って いった ほうが いいと 思います。
이 컴퓨터 망가진 것 같군요. 산 가게에 가지고 가는 게 좋을 거라고 생각합니다.

③ だんだん 発展して いきます。
점점 발전되어 갑니다.

 長袖 긴 소매   持つ 가지다, 들다   壊れた (고장나다「壊れる」의 た형(반말과거형))
だんだん 점점   発展 발전

제6장 10 ～ても いい / ～ては いけない

～해도 된다 〈허가〉
～하면 안 된다 〈금지〉

[만져도 됩니다. → 触っても いいです。]

[만지면 안 됩니다. → 触っては いけません。]

첫 번째 문장은 허가의 의미를, 두 번째는 금지의 의미를 나타냅니다. 이처럼 「～ても いい」는 허가의 의미를, 「～ては いけない」는 금지의 의미를 나타내는 표현입니다.

 공식으로 한방에!

단어	접속 형태	
触る 만지다	触っても いいです	만져도 됩니다
	触っては いけません	만지면 안 됩니다

① すみません、これに 触って みても いいですか。
죄송합니다만, 이것을 만져 봐도 되나요?

② 忙しい 人は さきに 帰っても いいです。
바쁜 사람은 먼저 돌아가도 됩니다.

③ 運転中に 携帯電話を 使っては いけません。
운전 중 휴대전화를 사용하면 안 됩니다.

④ 風邪を ひいては いけないから、無理しないで ください。
감기에 걸리면 안 되니까, 무리하지 마세요.

～に 触る ～을 만지다　触って みる 만져 보다　忙しい 바쁘다　さきに 먼저
運転中 운전 중　使う 사용하다　無理する 무리하다　～ないで ください ～하지 말아 주세요

제6장 11 ～て ほしい
～해 주길 바란다, ～해 주면 좋겠다 〈희망〉

[우리 신랑이 담배를 끊으면 좋겠어요. →
主人(しゅじん)に たばこを 止(や)めて ほしいです。]

위의 문장은 신랑이 담배를 끊기를 바라는 표현이지요.
이 표현은 상대가 어떤 행동을 해 주면 좋겠다는 희망을 나타내는 표현이랍니다.
「～て もらいたい」와 의미가 같으며, 반대말은「～ないで ほしい(~하지 말았으면 좋겠다)」가 됩니다.

 공식으로 한방에!

단어	접속 형태	
止(や)める 끊다	止(や)めて ほしいです	끊으면 좋겠습니다
	止(や)めないで ほしいです	끊지 말았으면 좋겠습니다

① 明日(あした) 来(き)て ほしいです (＝来(き)て もらいたいです)。
　내일 와 주었으면 좋겠습니다.

② 田中(たなか)さんに 私(わたし)を 守(まも)って ほしいです (＝守(まも)って もらいたいです)。
　다나카 씨가 나를 지켜 주었으면 좋겠습니다.

③ この ことは 誰(だれ)にも 言(い)わないで ほしいです。
　이 일은 아무에게도 말하지 않았으면 좋겠습니다.

 守(まも)る 지키다　この こと 이 일　誰(だれ)にも 아무에게도　言(い)う 말하다

Tip
「～ほしい」와 「～ほしがる」

① 명사 + ほしい – '~을 갖고 싶다, ~을 원하다, ~이 있었으면 좋겠다'라는 뜻으로, 1인칭(본인)과 2인칭(본인과 대화하는 상대방)의 희망을 나타냅니다.

→ 「～ほしい」는 형용사로 활용되기 때문에 이때 조사는 「を」가 아닌 「が」를 써야 한답니다.

　　林(はやし)　：中村(なかむら)さんは　何(なに)が　ほしいですか。
　　　　　　나카무라 씨는 무엇을 갖고 싶습니까? 〈2인칭의 희망〉

　　中村(なかむら)：私(わたし)は　車(くるま)が　ほしいです。
　　　　　　저는 차를 갖고 싶습니다. 〈1인칭의 희망〉

② 명사 + を　ほしがる – '~을 갖고 싶어하다'라는 뜻으로, 3인칭(대화에 참여하지 않는 자)의 희망을 나타냅니다.

　　林(はやし)　：田中(たなか)さんは　何(なに)を　ほしがって　いますか。
　　　　　　다나카 씨는 무엇을 갖고 싶어합니까?

　　中村(なかむら)：田中(たなか)さんは　PMPを　ほしがって　います。
　　　　　　다나카 씨는 PMP를 갖고 싶어합니다.

실력 쑥쑥 문제가 떴다!

1 다음 그림을 보고 て형을 이용해서 林さんの 하루의 일과를 (　) 안에 써 보세요.

私は 毎日 6時に (　　　　)て シャワーを (　　　　)て
ご飯を (　　　　)て 会社に (　　　　)て
仕事を します。

2 다음 중 (　) 안에 들어갈 동사를 골라 알맞은 형태로 바꾸어 써 넣으세요.

[보기]	晴れる	読む	覚える	持つ	かぶる
	かける	教える	撮る	帰る	

(1) 単語を たくさん (　　　　)て ください。
(2) 明日 カメラを (　　　　)て きて ください。
(3) 今日は 早く 家に (　　　　)ても いいですか。
(4) 私も その 本を (　　　　)で みました。
(5) 曇って いましたが、(　　　　)て きましたね。
(6) 時計は あちらに (　　　　)て あります。
(7) 帽子を (　　　　)て いる 人は 誰ですか。
(8) ここでは 写真を (　　　　)ては いけません。
(9) 私にも (　　　　)て ほしいです。

❸ 다음 그림을 보고, 질문에 알맞게 답해 보세요.

(1)  (2)  (3)

(1) この 人は 今 何を して いますか。

　→ _____

(2) この 人は 眼鏡を かけて いますか。

　→ _____

(3) この 人は 今 ご飯を 食べて いますか。

　→ _____

❹ 다음 그림을 보고, (　) 안에 들어갈 알맞은 말을 써 넣으세요.

(1)  (2)  (3)

(1) お金が (　　　　) います。

(2) ドアが (　　　　) います。

(3) ヒーターが (　　　　) います。

실력 쑥쑥 문제가 떴다!

5 다음 그림을 보고, ( ) 안에 들어갈 알맞은 말을 써 넣으세요.

(1) 電気が （　　　　　　） あります。
(2) テーブルの 上に ご飯が 作って （　　　　　　）。
(3) 窓が （　　　　　　） あります。

6 다음 중 문법에 어긋나는 문장을 고르세요.

(1) 先週 日本に 行って きました。
(2) 今 お金が 落として います。
(3) ここに 車を 止めては いけません。
(4) 机の 上に 本が 置いて あります。

7 다음 미술관 안내원의 말을 보고 해도 되는 행동과 해서는 안 되는 행동을 구분해서 질문에 답해 보세요.

(1) 美術館の 中で 写真を 撮っても いいですか。

→ _____。

(2) 美術館の 中で たばこを 吸っても いいですか。

→ _____。

(3) 美術館の 中で 質問を しても いいですか。

→ _____。

8 다음 우리말을 일본어로 바르게 옮기세요.

(1) 집에 돌아가서 푹 쉬세요.

→ _____。

(2) 일본에 한 번 가 보았습니다.

→ _____。

(3) 언니는 지금 미국에 살고 있습니다.

→ _____。

(4) 펜으로 써도 됩니까?

→ _____。

(5) 벌써 그 사람에게 얘기를 하고 말았습니다.

→ _____。

Memo

제 7 장

동사의 た형에 접속되는 문형

이번에는 반말의 과거를 나타내는 た형에 접속되는 문형을 배워 볼까요? 일본어에서 た형이라고 하면 기본적으로 과거 완료를 의미하지만, 미래 완료를 의미하는 た형도 있으니까, 잘 알아두세요.

단어	접속 형태	접속 문형	
する 하다	し	た　ことが　ある た　ばかりだ た　ほうが　いい たり ～たり　する たら	한 적이 있다 한지 얼마 되지 않았다 하는 게 좋다 하기도 하고 ～하기도 한다 하면

제7장 01 ～た ことが ある
～한 적이 있다 〈과거 경험〉

[비싼 가방을 받은 적 있어요. →
高(たか)い かばんを もらった ことが あります。]

위의 문장에서 비싼 가방을 받아 본 경험이 있다고 말하고 있네요.
바로 「～た ことが ある」는 과거의 경험을 나타내는 표현이랍니다.
부정형은 「～た ことが ない(ありません)」가 됩니다.

 공식으로 한방에!

단어	접속 형태	
もらう 받다	もらった ことが あります	받은 적이 있습니다
	もらった ことが ありません	받은 적이 없습니다

① 日本(にほん)の ドラマを 見(み)た ことが あります。
일본 드라마를 본 적이 있습니다.

② 私(わたし)は まだ 日本(にほん)に 行(い)った ことが ありません。
저는 아직 일본에 간 적이 없습니다.

③ 私(わたし)も 彼(かれ)の 歌(うた)を 聞(き)いた ことが ありますが、上手(じょうず)でした。
저도 그 사람의 노래를 들어본 적이 있는데, 잘 부르더군요.

 ドラマ 드라마　見(み)る 보다　まだ 아직　行(い)く 가다　歌(うた) 노래　聞(き)く 듣다, 묻다
上手(じょうず)だ 능숙하다

제7장 02 ～た ばかりだ
～막 ～하다, ～한 지 얼마 안 되다 〈완료된 지 얼마 안 됨〉

[지금 막 먹었어요. → 食べた ばかりです.]

위의 문장은 방금 밥을 먹었음을 이야기하고 있네요.
「～た ばかりだ」는 어떤 동작과 상황이 완료된지 얼마 안 되었다는 것을 나타내는 표현이랍니다.

 공식으로 한방에!

단어	접속 형태	
食べる 먹다	食べた ばかりです	먹은 지 얼마 안 되었습니다

① 授業が 終わった ばかりです。
   수업이 끝난 지 얼마 안 되었습니다.

② 日本語は 習った ばかりですから まだ 下手です。
   일본어는 배운 지 얼마 안 되었기 때문에 아직 서툽니다.

③ 林 : 結婚して いますか。
      결혼했습니까?

   田中 : 先月 結婚した ばかりです。
        지난달에 결혼한 지 얼마 안 되었습니다.

단어 授業 수업 終わる 끝나다 習う 배우다 下手だ 서툴다

제7장 03 ～た ほうが いい
～하는 편이 좋다 (낫다) 〈충고, 조언〉

[그런 사람하고는 빨리 헤어지는 게 좋아요. →
　　そんな 人とは 早く 別れた ほうが いいです。]

위의 문장에 쓰인 「～た ほうが いい」는 충고와 조언을 나타내는 표현이에요. 여기서 이 문형의 た형은 과거 완료가 아닌 미래 완료가 된답니다. 그래서 부정형은 「～ない ほうが いい」가 됩니다.

공식으로 한방에

단어	접속 형태	
別れる 헤어지다	別れた ほうが いいです	헤어지는 게 좋습니다
	※ 別れない ほうが いいです	헤어지지 않는 게 좋습니다

① 太りますから 甘いものは 食べない ほうが いいです。
　살찌니까 단 음식은 먹지 않는 것이 좋겠습니다.

② 疲れた 時は ゆっくり 休んだ ほうが いいです。
　피곤할 때는 푹 쉬는 것이 좋습니다.

③ そんな 人は 早く 忘れた ほうが いいですよ。
　그런 사람은 빨리 잊는 게 좋아요.

太る 살찌다　甘い 달다　甘い物 단 음식　疲れる 피곤하다　ゆっくり 천천히, 푹
そんな 그런　忘れる 잊다

제7장 04 ～たり ～たり する
～하기도 하고 ～하기도 한다 〈열거〉

[친구도 만나고, 온종일 집에서 자기도 하고 그래요. →
友(とも)だちに 会(あ)ったり 一日中(いちにちじゅう) 寝(ね)たり します。]

위의 문장은 친구도 만나고 잠도 잔다는 행위를 열거하고 있죠. 이처럼 「～たり ～たり する」는 행위를 열거하는 표현인데요, 여러 가지 행위 중 대표적인 몇 가지의 행위를 예로 들어 열거하는 문형이랍니다.

공식으로 한방에

단어	접속 형태	
会(あ)う 만나다 寝(ね)る 자다	会ったり 寝たり します	만나기도 하고 자기도 합니다

① 暇(ひま)な 時(とき)は 家(いえ)で 本(ほん)を 読(よ)んだり 友(とも)だちに 会(あ)ったり します。
   한가할 때는 집에서 책을 읽기도 하고 친구를 만나기도 합니다.

② 私(わたし)は 寝(ね)る 前(まえ)に テレビを 見(み)たり 音楽(おんがく)を 聞(き)いたり します。
   저는 자기 전에 텔레비전을 보기도 하고 음악을 듣기도 합니다.

③ キムチチゲを 作(つく)る 時(とき)、ツナを 入(い)れたり 豚肉(ぶたにく)を 入(い)れたり します。
   김치찌개를 만들 때 참치를 넣기도 하고 돼지고기를 넣기도 합니다.

暇(ひま)だ 한가하다   読(よ)む 읽다   ～に 会(あ)う ～을 만나다   寝(ね)る 자다   音楽(おんがく) 음악   作(つく)る 만들다
ツナ 참치   入(い)れる 넣다   豚肉(ぶたにく) 돼지고기

제7장 05 ～たら
～하면 〈가정, 조건〉

[만약에 복권에 당첨된다면 세계 일주를 하고 싶어요. →
もし 宝くじに 当たったら 世界一周を したいです。]

위의 문장은 복권에 당첨된다고 가정하면, 세계 일주를 하고 싶다는 꿈을 이야기하고 있네요. 이처럼 「～たら」는 가정, 조건을 나타내는 표현입니다. 가정과 조건을 나타내는 표현(「と p196・たら・ば p196・なら p90」) 중에서 가장 널리 쓰이는 표현이며, 주로 회화체에서 많이 사용한답니다.

공식으로 한방에!

품사	만드는 방법	예	
명사	명사 + だったら	休みだったら 休みじゃ なかったら	휴일이면 휴일이 아니면
な형용사	な형용사의 어간 + だったら	暇だったら 暇じゃ なかったら	한가하면 한가하지 않으면
い형용사	い형용사의 어간 + かったら	高かったら 高く なかったら	비싸면 비싸지 않으면
동사	た형 + たら	飲んだら 飲まなかったら	마시면 마시지 않으면

128

〈「~たら」의 의미와 용법〉

▶ 비현실적인 상황을 가정하는 경우에 사용합니다.(「と・たら・なら・ば」중「~たら」만 사용 가능)

　　もし　宝くじに　当たったら　ビルを　買いたいです。
　　만약 복권에 당첨된다면 빌딩을 사고 싶습니다.

▶ 가정, 조건 – 「~たら」 뒤에는 주관을 나타내는 의지, 명령, 희망, 권유, 추측 등의 문장이 올 수 있으며, 이 경우 「~ば」와 교체 가능합니다. 단, 「~ば」 앞에 오는 조건이 명사와 형용사, 상태 동사의 가정 조건을 나타낼 때 뿐이므로 주의해야 합니다.

　　もし　高かったら　買わないで　ください。　　만약에 비싸면 사지 마세요.
　　もし　週末　時間が　あったら、一緒に　ドライブに　行きませんか。
　　만약 주말에 시간이 있으면 함께 드라이브를 가지 않겠습니까?

▶ 확정 조건 – 아직 성립되지는 않았지만 반드시 성립될 일에 대해 말하는 경우에 사용합니다. 이 경우의 「~たら」는 「~た 後で(~한 후에)」나 「~て から(~하고 나서)」와 같은 의미를 갖습니다. (「たら」만 사용 가능)

　　駅に　着いたら　連絡ください。　　역에 도착하면 연락 주세요.
　　仕事が　終わったら　電話します。　　일이 끝나면 전화하겠습니다.

▶ 무언가를 발견하거나 과거의 습관에 사용합니다.(「と・たら・なら・ば」중「と」와 교체 가능)

　　家に　帰ったら　誰も　いなかった。　　집에 돌아갔더니 아무도 없었다.

① 林　：今度の　週末、一緒に　ドライブに　行きませんか。
　　　　이번 주말에 함께 드라이브를 가지 않겠습니까?
　　三木：もし　天気が　よかったら　行きましょう。
　　　　만약에 날씨가 좋으면 갑시다.

② もし　嫌だったら　しなくて　いいです。
　　만약에 싫으면 하지 않아도 좋아요.

③ 調子が　よくなかったら　しなくて　いいですよ。
　　몸 상태가 좋지 않으면 하지 않아도 좋아요.

④ 質問は　授業が　終わったら　して　ください。
　　질문은 수업이 끝나면 해 주세요.

もし 만약　　宝くじ 복권　　世界旅行 세계여행　　嫌だ 싫다　　調子 상태(주로 몸의 상태를 가리킴)
よくない 좋지 않다　　~つもりです ~할 작정(생각)입니다　　質問 질문　　終わる 끝나다

실력 쑥쑥 문제가 떴다!

1 다음 그림을 보고 ( ) 안에 들어갈 알맞은 말을 써 넣으세요.

(1) 林(はやし)：映画(えいが)を 見(み)ながら たいてい 何(なに)を 食(た)べますか。
　　三木(みき)：私(わたし)は コーラを （　　　）だり お菓子(かし)を （　　　）たり します。

(2) 林(はやし)：恋人(こいびと)に 会(あ)って たいてい 何(なに)を しますか。
　　三木(みき)：映画(えいが)を （　　　）たり お酒(さけ)を （　　　）だり します。

(3) 林(はやし)：家(いえ)に 帰(かえ)って たいてい 何(なに)を しますか。
　　三木(みき)：勉強(べんきょう)を （　　　）たり 音楽(おんがく)を （　　　）たり します。

2 다음 문장의 ( ) 안에 들어갈 알맞은 말을 고르세요.

(1) 林(はやし)：金(キム)さんは 日本(にほん)に （　　　） ことが ありますか。
　　金(キム)：はい、（　　　） ことが あります。
　　① 見(み)た　　② 買(か)った　　③ 行(い)った　　④ 会(あ)った

(2) 林(はやし)：金(キム)さんは 花(はな)を （　　　） ことが ありますか。
　　金(キム)：はい、（　　　） ことが あります。
　　① もらった　　② もらいたり　　③ もらって　　④ もらう

(3) 林(はやし)：金(キム)さんは すしを （　　　） ことが ありますか。
　　金(キム)：いいえ、（　　　） ことが ありません。
　　① 作(つく)た　　② 作(つく)った　　③ 作(つく)ったら　　④ 作(つく)らない

❸ 다음 보기의 단어 중 (   ) 안에 들어갈 단어를 골라 알맞게 써 넣으세요.

[보기] 食(た)べる   始(はじ)める   着(つ)く

(1) 林(はやし)：フランス語(ご)は 上手(じょうず)ですか。
    三木(みき)：フランス語(ご)の 勉強(べんきょう)を （   ）ばかりですから まだ 下手(へた)です。

(2) 林(はやし)：お腹(なか)が 空(す)いて いませんか。
    三木(みき)：いいえ、ご飯(はん)を （   ）ばかりですから お腹(なか)が いっぱいです。

(3) 林(はやし)：すみません。遅(おそ)くなりました。待ちましたか。
    三木(みき)：いいえ、私(わたし)も 今(いま) （   ）ばかりです。

❹ 다음 괄호 안에 제시된 단어를 문맥에 맞도록 고쳐 쓰세요.

(1) 林(はやし)：今度(こんど)の 週末(しゅうまつ) ドライブに 行(い)きませんか。
    三木(みき)：もし 天気(てんき)が（いい →   ）たら 行(い)きましょう。

(2) 林(はやし)：今度(こんど)の 週末(しゅうまつ) ドライブに 行(い)きませんか。
    三木(みき)：もし 雨(あめ)が（降(ふ)らない →   ）たら 行(い)きましょう。

(3) 林(はやし)：今度(こんど)の 週末(しゅうまつ) ドライブに 行(い)きませんか。
    三木(みき)：もし 時間(じかん)が（ある →   ）たら 行(い)きましょう。

(4) 林(はやし)：もし 三木(みき)さんが（男(おとこ)の人(ひと) →   ）たら 何(なに)が してみたいですか。
    三木(みき)：軍隊(ぐんたい)に 行(い)って みたいです。

실력 쑥쑥 문제가 떴다!

(5) 林_{はやし}：今日_{きょう} 仕事_{しごと}が （終_おわる → 　　　　　）たら 何_{なに}を しますか。

三木_{みき}：今日_{きょう}は すぐ 帰_{かえ}ります。

5 다음 문장을 읽고 「～た(ない) ほうが いいです」 표현을 이용해서 충고와 조언을 해 보세요.

(1) 健康_{けんこう}の ために たばこは （　　　　　　　　）。

(2) ダイエットの ために 夜遅_{よるおそ}く （　　　　　　　　）。

(3) 喉_{のど}が 痛_{いた}いですから お湯_ゆを たくさん （　　　　　　　　）。

(4) 運動不足_{うんどうぶそく}ですから 運動_{うんどう}を （　　　　　　　　）。

(5) 危_{あぶ}ないですから 気_きを （　　　　　　　　）。

Memo

Part 2

5단을 이용하자.

여러분! 일본어에는 あ단·い단·う단·え단·お단 이렇게 5단이 있다는 것 알고 계시죠? 그리고 동사의 기본형의 어미는 그 중에서 う단이 차지하고 있다는 것도 알고 계실 거예요. 그럼, 다른 あ단·い단·え단·お단은 어떤 역할을 할까요? 네, 다른 4개의 단(段)은 동사가 기본형에서 다른 형태로 모습을 바꿀 때 활약한답니다. 이미 여러분은 앞에서 ない형과 ます형을 만들 때 あ단과 い단의 활약을 보셨잖아요.

그럼, 이제부터 5단의 활약상을 좀 더 주도면밀하게 조사해 볼까요?

Memo

제 8 장

동사의 あ단을 이용하자.

동사의 あ단을 이용한다는 것은 대표적으로 ない형을 이용한다는 것을 의미한답니다.
그럼, ない형에 접속되는 문형과 あ단을 이용하는 표현을 정리해 봅시다.

단어	ない형		문형
飲む(の) 마시다	飲ま(の)	ない	마시지 않는다 〈반말 부정〉
		なくて	마시지 않아서 〈부정의 이유〉
		ないで	마시지 말고, 마시지 않고 〈금지, 상태〉
		ないで ください	마시지 말아 주세요 〈금지〉
		なくても いい	마시지 않아도 된다 〈허용〉
		なければ ならない	마시지 않으면 안 된다 〈의무〉
		れる	마시게 되다, 마심을 당하다 〈수동〉
			마시시다, 드시다 〈존경〉
		せる	마시게 하다 〈사역〉
		せられる / される	어쩔 수 없이 마시다 〈사역 수동〉

제8장 01 동사의 ない형 + ないで
~지 않고, ~지 말고

[지금 밥도 먹지 않고, 일하고 있거든요. →
今 ご飯も 食べないで 仕事を して いるんです。]

[지금 쓰지 말고, 나중에 쓰세요. → 今 書かないで 後で 書いて ください。]

첫 번째 문장은 밥을 먹지 않은 상태를 나타내고, 두 번째 문장은 지금 쓰지 말라는 금지를 나타내고 있답니다. 이처럼 「~ないで」라는 표현은 상태와 금지의 두 가지 의미를 나타낸다는 것을 꼭 기억해 두세요. 그럼, 이제부터 자세히 살펴볼까요?

공식으로 한방에!

단어	접속 형태	
食べる 먹다	食べないで	먹지 않고, 먹지 말고

술술 말문이 트이는 문장 연습

❶ コーヒーを 飲む 時、クリームは 入れないで 飲みます。〈상태〉
커피를 마실 때 크림은 넣지 않고 마십니다.

❷ この 宿題は、テキストを 全然 見ないで しました。〈상태〉
이 숙제는 교과서를 전혀 보지 않고 했습니다.

❸ 今 書かないで、説明が 終わってから 書いて ください。〈금지〉
지금 쓰지 말고, 설명이 끝나고 나서 써 주세요.

❹ 走らないで、静かに 歩いて ください。〈금지〉
뛰지 말고, 조용히 걸으세요.

宿題 숙제　テキスト 교과서　説明 설명　終わる 끝나다　走る 달리다 (예외 1그룹)
静かに 조용히 (「静かだ (조용하다)」의 부사형)　歩く 걷다

제8장 **02** 동사의 ない형 + ないで ください
~지 말아 주세요

[걱정하지 마세요. → 心配しないで ください。]

상대방에게 걱정하지 말라고 하고 있네요. 이 표현은 상대에게 무언가를 하지 말 것을 요구하거나 부탁, 의뢰, 지시하는 것을 나타내는 표현이랍니다. 참고로, 「~て ください(~해 주세요)」p103와는 반대 표현이며, 「~ては いけません(~하면 안 됩니다)」p115과는 같은 지시나 의뢰를 나타내는 표현이랍니다.

공식으로 한방에!

단어	접속 형태	
する 하다	しないで ください	하지 말아 주세요.
	※して ください	해 주세요.

술술 말문이 트이는 문장 연습

❶ 風邪ですから 無理しないで ください。
　감기에 걸렸으니까, 무리하지 마세요.

❷ 大丈夫だから 心配しないで ください。
　괜찮으니까, 걱정하지 마세요.

❸ ここに ごみを 捨てないで ください。
　여기에 쓰레기를 버리지 말아 주세요.

 心配する 걱정하다　大丈夫だ 괜찮다　ごみ 쓰레기　捨てる 버리다

제8장 03 동사의 ない형 + なくても いい
~지 않아도 된다

[돈은 내지 않아도 됩니다. → お金は 払わなくても いいです。]

위 문장은 돈은 낼 필요가 없다는 뜻이네요. 이처럼 「~なくても いい」는 어떤 행동을 반드시 할 필요는 없다는 것을 나타내는 표현이랍니다. 참고로, 「~なければ ならない(~해야만 한다)」와는 반대의 의미를 나타냅니다.

공식으로 한방에!

단어	접속 형태
払う 지불하다	払わなくても いいです。　　지불하지 않아도 됩니다.

술술 말문이 트이는 문장 연습

❶ 今 出なくても いいですか。
지금 나가지 않아도 됩니까?

❷ 平日ですから 予約しなくても いいです。
평일이기 때문에 예약하지 않아도 됩니다.

❸ 今日は 会社に 戻らなくても いいです。
오늘은 회사에 돌아가지 않아도 됩니다.

　出る 나가(오)다　　平日 평일　　予約 예약　　戻る 되돌아가(오)다

제8장 04 동사의 ない형 + なければ ならない
~지 않으면 안 된다, 꼭 ~해야 한다

[저 9시까지는 꼭 도착해야만 해요. →
私 9時までには 着かなければ なりません。]

위의 문장은 단순히 도착하는 것이 아니라 9시까지 꼭 도착해야만 한다는 의미를 내포하고 있죠. 이와 같이 「~なければ ならない」 꼭 그렇게 해야만 한다는 의무를 나타내는 표현이랍니다.

공식으로 한방에!

단어	접속 형태
着く 도착하다	着かなければ なりません。 도착하지 않으면 안 됩니다.

술술 말문이 트이는 문장 연습

❶ 明日までに 申し込みしなければ なりません。
내일까지 신청하지 않으면 안 됩니다.
✿ 어느 시점까지 어떤 행위를 완료해야 하는 경우, '~까지'라는 표현은 「~まで」가 아닌 「~までに」라고 한다.

❷ 韓国の 健康な 男の人は 軍隊に 行かなければ なりません。
한국의 건강한 남자는 군대에 가지 않으면 안 됩니다.

❸ 明日は 早く 起きなければ ならないから、早く 寝ましょう。
내일은 일찍 일어나지 않으면 안 되니까, 일찍 잡시다.

着く 도착하다   ~までに ~까지   申し込む 신청하다   男の人 남자   軍隊 군대
起きる 일어나다   寝る 자다

제8장 **05** 동사의 ない형 + れる / られる
～함을 당하다, ～하여지다

[선배에게 맞았어요. → 先輩に 殴られました。]
[선배한테 프로포즈 받았어요. → 先輩に プロポーズ されました。]

두 문장에서 보면 '나'라는 사람은 맞거나 프로포즈를 받았고, '선배'라는 사람은 때렸거나 프로포즈라는 행위를 한 것입니다. 이렇게 일본어에서는 행위를 한 사람을 주어로 하는 문장을 능동문이라고 하고, 상대방의 행위로 인해 어떤 영향(피해, 슬픔, 당혹, 곤란, 기쁨 등)을 받은 사람이 주어인 문장은 수동문이라고 한답니다. 그럼, 위 두 문장은 수동문이겠죠? 이때 중요한 것은 수동문의 주어는 나 또는 내 쪽의 사람이 되며, 수동문의 주어는 행위는 없고 영향만을 받는다는 사실이에요. 그럼, 이제부터 수동문에 대해 더욱 자세히 살펴 볼까요?

 공식으로 한방에!

그룹	만드는 방법	단어		
1그룹	어미 う단을 あ단으로 바꿈 + れる	叱る 혼내다 〈능동〉 叱られる 혼나다 〈수동〉 누군가가 혼내서 내가 혼남을 당함		
2그룹	어미「る」를 뗌 + られる	見る 보다 〈능동〉 見られる 보여지다, 들키다 〈수동〉 누군가가 봐서 내가 보는 행위를 당함		
3그룹	무조건 암기	する 하다 〈능동〉 される 당하다 〈수동〉 누군가가 어떤 행동을 해서 내가 당함 来る 오다 〈능동〉 来られる 방문해오다 〈수동〉 누군가가 옴으로써 내가 오는 행위를 당함		

1 사람을 주어로 하는 수동형

▶ 나와 내 쪽 사람이 다른 사람에게서 받은 피해, 곤란, 당혹, 슬픔 등을 나타낼 때 사용합니다.

私(わたし)は 先輩(せんぱい)に 殴(なぐ)られました。
저는 선배에게 맞았습니다.

▶ 주어인 내가 다른 사람에게서 받은 피해나 영향을 나타내는 수동문이므로 주어는 항상 사람이어야 합니다.

私(わたし)の 手(て)を 犬(いぬ)に 噛(か)まれました。(×)
나의 손은 개에게 물렸습니다.

私(わたし)は 犬(いぬ)に 手(て)を 噛(か)まれました。(○)
나는 개에게 손을 물렸습니다.

▶ 수동문은 주로 주어가 다른 사람에게서 입은 피해나 당혹스러움을 나타내지만, 칭찬을 받거나 초대를 받는 등 피해를 당한 경우가 아닐 때에도 사용할 수 있습니다.

私(わたし)も 田中(たなか)さんに 明日(あした)の コンパに 誘(さそ)われました。
저도 다나카 씨에게 내일 있을 모임에 권유받았습니다.

2 사람을 주어로 하지 않는 수동 – ~되다

▶ 사람을 주어로 하지 않는 수동은 사회적인 사실을 객관적으로 서술할 때 사용하는 표현으로, 주로 신문이나 TV, 뉴스 등에서 널리 쓰인답니다.

1998年(ねん) ソウルで オリンピックが 開(ひら)かれました。
1988년 서울에서 올림픽이 개최되었습니다.

tip | 「동사의 ない형 + れる/られる」는 수동 표현도 나타내지만, 존경 표현도 함께 나타냅니다.

田中先生(たなかせんせい)は キョンジュに 行(い)かれた ことが ありますか。
다나카 선생님은 경주에 가신 적이 있습니까?

확인도장 꾸~욱!

1. 다음 보기와 같이 동사의 수동형으로 바꾸어 써 보세요.

단어	의미	수동형
[보기] 学生が 笑う	학생이 웃다	학생에게 비웃음 당하다 → 学生に 笑われる
子供が 汚す	아이가 더럽히다	아이에게 더럽힘 당하다 →
犬が 噛む	개가 물다	개에게 물리다 →
社長が 呼ぶ	사장님이 부르다	사장님께 불려가다 →
弟が 殴る	남동생이 때리다	남동생에게 맞다 →
雨が 降る	비가 내리다	비를 맞다 →
先生が 叱る	선생님이 혼내다	선생님께 혼나다 →
母が ほめる	어머니가 칭찬하다	어머니에게 칭찬받다 →
母が 見る	어머니가 보다	어머니에게 들키다 →
田中さんが 差別する	다나카 씨가 차별하다	다나카 씨에게 차별 받다 →
お客さんが 来る	손님이 오다	손님에게 방문받다 →
友だちが 壊す	친구가 망가뜨리다	친구에게 망가뜨림 당하다 →
色々 言う	여러 가지 말하다	여러 가지 말을 듣다 →
弟が 食べる	남동생이 먹다	남동생이 먹다 (먹을 것을 빼앗기다) →
彼が ふる	그가 차다	그에게 차이다 →
どろぼうが 入る	도둑이 들어오다	도둑 맞다 →
あかちゃんが 泣く	아기가 울다	아기에서 우는 행위를 당하다 →
友だちが いじめる	친구가 괴롭히다	친구에게 괴롭힘 당하다 →

2. 다음 보기와 같이 그림을 보고 ( ) 안에 들어갈 알맞은 수동형을 써 넣으세요.

[보기] 私は あかちゃんに (泣かれました)。
아기가 울어서 나는 곤란했습니다.

❶ 私は スリに 財布を (   )。
나는 소매치기에게 지갑을 도둑맞았습니다.

❷ 私は 恋人に (   )。
나는 애인에게 차였습니다.

❸ 私は 友だちに コンピューターを (   )。
친구가 내 컴퓨터를 망가뜨려서 피해를 입었습니다.

❹ 私は 先生に (   )。
나는 선생님한테 혼났습니다.

❺ 私は 田中さんに (   )。
나는 다나카 씨에게 초대받았습니다.

❻ 私は 友だちに (   )。
나는 친구에게 맞았습니다.

제8장 06 동사의 ない형 + せる / させる
~시키다, ~하게 하다 〈사역형〉

[선배들이 매일 심부름을 시켜요. →
　　　先輩(せんぱい)たちが　毎日(まいにち)　お使(つか)いを　させます。]

사역 표현은 문장의 주어가 상대방에게 어떤 행동이나 역할을 강제로 시키거나, 상대방에게 어떤 역할을 하게 만드는 것을 나타냅니다. 그래서 상대방에게 걱정을 끼치거나 기쁘게 하거나 울리다, 웃기다, 슬프게 하다 등의 표현도 일본어에서는 모두 사역 표현으로 나타내어야 한답니다. 또한, 사역 표현의 주어는 시키거나 역할을 하게 만드는 사람이 된답니다.

 공식으로 한방에!

그룹	만드는 방법		단어
1그룹	어미 う단을 あ단으로 바꿈 + せる	泣(な)く 泣(な)かせる	울다 울게 하다, 울리다
2그룹	어미 「る」를 뗌 + させる	食(た)べる 食(た)べさせる	먹다 먹게 하다
3그룹	무조건 암기	する させる	하다 하게 하다, 시키다
		来(く)る 来(こ)させる	오다 오게 하다

▶ 자동사 사역문에서는 행위자를 を로 타동사 사역문에서는 행위자를 に로 나타냅니다.

① 자동사의 사역문

上司は 部下を 出張に 行かせました。
상사는 부하를 출장가게 했습니다.

↳ 자주 쓰이는 자동사 行く(가다), 来る(오다), 帰る(돌아가(오)다), 泣く(울다), 怒る(화내다), 笑う(웃다), 困る(곤란하다) 등

② 타동사의 사역문

先生が 私に 本を 読ませました。
선생님이 저에게 책을 읽게 했습니다.

▶ 사역문에는 허용의 사역과 강제의 사역, 감정 유발의 사역이 있습니다.

① 先生は 学生に 勉強を させました。〈강제〉
선생님은 학생에게 공부를 하게 했습니다.

② 先生は トイレに 行きたがって いる 学生を トイレに 行かせました。〈허용〉
선생님은 화장실에 가고 싶어하는 학생을 화장실에 가게 했습니다.

③ 彼は 冗談を 言って 人々を 笑わせました。〈감정 유발〉
그 사람은 농담을 해서 사람들을 웃겼습니다.
↳ 心配させる 걱정시키다, 笑わせる 웃기다, 喜ばせる 기쁘게하다, 怒らせる 화나게하다 등이 여기에 속함)

▶ 손윗사람이나 직장상사 앞에서 본인이 무언가를 하고 싶다고 말할 때 「사역형+ていただきませんか」라고 말합니다.

上司の 前では 「家に 帰りたいです」 と 言わないで、「家に 帰らせて いただけませんか」と 言わなければ なりません。
상사 앞에서는 「집에 돌아가고 싶습니다」라고 말하지 않고 「집에 돌아가게 해주시지 않겠습니까」라고 말하지 않으면 안 됩니다.

확인도장 꾸~욱!

1. 다음 보기와 같이 동사를 사역형으로 바꾸어 써 보세요.

단어		의미	사역형	의미
보기 笑う	1그룹	웃다	笑わせる	웃기다
習う	1그룹	배우다		배우게 하다
書く	1그룹	쓰다		쓰게 하다
困る	1그룹	곤란하다		곤란하게 하다
待つ	1그룹	기다리다		기다리게 하다
答える	2그룹	대답하다		대답하게 하다
お茶を 入れる	2그룹	차를 끓이다		차를 끓이게 하다
心配する	3그룹	걱정하다		걱정 끼치다

2. 다음 보기와 같이 (　) 안의 단어를 문장에 맞도록 사역형으로 고쳐 쓰세요.

> [보기] 子供の時　母は　私に　ピアノを　(習う → 習わせ)ました。
> 어렸을 때 어머니는 나에게 피아노를 배우게 했습니다.

❶ 部長が　私に　報告書を　(書く →　　　　)ました。
부장님이 저에게 보고서를 쓰게 했습니다.

❷ これ　以上は　私を　(困る →　　　　)ないで　ください。
이 이상은 저를 곤란하게 하지 말아 주세요.

❸ 私は　恋人を　(怒る →　　　　)た　ことが　あります。
저는 애인을 화나게 한 적이 있습니다.

3. 다음 보기와 같이 ( ) 안에 「～て いただけませんか」의 문형을 사용하여 써 넣으세요.

> [보기] 上司の 前では 「私が 食べたいです」と 言わないで
> (私に 食べさせて いただけませんか)と 言わなければ なりません。

❶ 上司の 前では 「早く 帰りたいです」と 言わないで
　（　　　　　　　　　　　　　　）と 言わなければ なりません。

❷ 上司の 前では 「私が 担当 したいです」と 言わないで
　（　　　　　　　　　　　　　　）と 言わなければ なりません。

❸ 上司の 前では 「明日 一日 休みたいです」と 言わないで
　（　　　　　　　　　　　　　　）と 言わなければ なりません。

술술 말문이 트이는 문장 연습

❶ 子供の 時 女の子を たくさん 泣かせました。
어렸을 때 여자 아이를 많이 울렸습니다.

❷ うちの 上司は 私に 時々 お使いを させます。
우리 상사는 나에게 가끔 심부름을 시킵니다.

❸ 彼は お酒に 弱いですから 無理に 飲ませないで ください。
그 사람은 술이 약하니까, 무리해서 마시게 하지 말아 주세요.

女の子 여자 아이　　泣かせる 울리다 (「泣く(울다)」의 사역형)　　うち 우리　　お使い 심부름
弱い 약하다　　無理に 무리하게　　飲ませる 마시게 하다 (「飲む(마시다)」의 사역형)

제8장 07 동사의 ない형 + せられる / させられる
~에게 ~을 시킴을 당하다, 어쩔 수 없이 ~하다 〈사역 수동형〉

저 어제 사장님한테 짤렸어요. → 私は 社長に 辞めさせられました。

위 문장은 본인이 그만두고 싶어서 그만둔 것이 아니라 사장님이 그만두라고 해서 어쩔 수 없이 그만두어야만 했다는 의미랍니다.
즉, 사역 수동은 누군가가 시켜서 (또는 누군가 때문에) 어쩔 수 없이 해야만 했다는 것을 나타내는 표현이랍니다. 사역 수동 또한 주어는 수동형과 마찬가지로 나와 내 쪽 사람이 된다는 것도 함께 기억해 두세요.

 공식으로 한방에!

그룹	만드는 방법	사역 수동형	
1그룹	어미 う단을 あ단으로 바꿈 + せられる / される * 단, 「す」로 끝나는 동사는 「される」로 바꿀 수 없음.	歌う 歌わせられる (= 歌わされる)	노래하다 어쩔 수 없이 노래 부르다
2그룹	어미 「る」를 뗌 + させられる	食べる 食べさせられる	먹다 어쩔 수 없이 먹다
3그룹	무조건 암기	する させられる	하다 어쩔 수 없이 하다
		来る 来させられる	오다 어쩔 수 없이 오다

▶ 본인의 의지대로 행위한 것은 능동문으로 표현하지만, ~때문에 어쩔 수 없이 해야만 하는 것은 사역 수동문으로 나타냅니다.

① 私は 会社を 辞めました。〈능동〉
나는 회사를 그만두었습니다.
↳ 회사를 그만두었다는 사실만을 말하는 느낌을 전달

② 私は 社長に 会社を 辞めさせられました。〈사역 수동〉
나는 사장님이 그만두라고 해서 어쩔 수 없이 회사를 그만두었습니다.
↳ 사장님이 그만두라고 해서 그만두고 싶지 않은데 그만두게 되었다는 느낌을 전달

▶ 사역과 사역 수동의 입장은 바뀌게 됩니다.
① 母が 私に お見合いを させました。〈사역〉
어머니가 나에게 맞선을 보게 했습니다.
↳ 어머니가 나에게 시킨 사실만을 나타냄

② 私は 母に お見合いを させられました。〈사역 수동〉
나는 어머니가 시켜서 어쩔 수 없이 맞선을 보았습니다.
↳ 어머니가 시켜서 하고 싶지 않은데 해야만 했다는 느낌을 나타냄

▶ 수동문 p142과 사역 수동문의 주어는 둘 다 피해자인 것은 같지만, 행위를 하느냐 하지 않느냐로 구분됩니다.
① 私は 田中さんに ビールを 飲まれました。〈수동〉 (맥주는 다나카 씨가 마심)
다나카 씨가 내 맥주를 마셔서 나는 짜증났었습니다.

② 私は 田中さんに ビールを 飲ませられました。〈사역 수동〉 (맥주는 내가 마심)
다나카 씨가 나에게 맥주를 마시게 해서 나는 어쩔 수 없이 마셨습니다.

확인도장 꾸~욱!

1. 다음 보기와 같이 동사를 사역 수동형으로 바꾸어 써 보세요.

단어		의미	사역 수동	의미
〈보기〉 払う	1그룹	지불하다	払わせられる	어쩔 수 없이 지불하다
手伝う	1그룹	돕다		어쩔 수 없이 돕다
待つ	1그룹	기다리다		어쩔 수 없이 기다리다
片付ける	2그룹	정리하다		어쩔 수 없이 정리하다
食べる	2그룹	먹다		어쩔 수 없이 먹다
する	3그룹	하다		어쩔 수 없이 하다
来る	3그룹	오다		어쩔 수 없이 오다

2. 다음 보기와 같이 ( ) 안의 단어를 문장에 맞도록 사역 수동형으로 고쳐 쓰세요.

> [보기] 子供の 時 私は 母に 野菜を （食べる → 食べさせられ）ました。
> 어렸을 때 저는 어머니가 야채를 먹게 해서 어쩔 수 없이 먹었습니다.

❶ 飲み会で 先輩に お酒を 無理やり （飲む → ）たんです。

모임에서 선배가 억지로 술을 마시게 해서 어쩔 수 없이 마셨습니다.

❷ 昨日は 恋人に 三時間 も（待つ → ）て 喧嘩して しまったんです。

어제는 애인이 3시간이나 기다리게 해서 싸우고 말았습니다.

❸ きのう 友だちに 食事代を （払う → ）て 腹が 立ちました。

어제 친구가 식사비를 내게 해서 어쩔 수 없이 냈지만 화가 났습니다.

술술 말문이 트이는 문장 연습

❶ 子供の 時 私は 母に ピアノを 習わせられました。
어렸을 때 저는 어머니가 시켜서 피아노를 어쩔 수 없이 배웠습니다.

❷ この 前の 飲み会で 私は 先輩に お酒を 飲ませられました。
일전에 회식에서 저는 선배가 시켜서 술을 어쩔 수 없이 마셨습니다.

❸ 私は 毎日 上司に 取引先に 行かせられたり、報告書を 作らせられたり します。
저는 매일 상사가 시켜서 거래처에 가야만 하기도 하고, 보고서를 어쩔 수 없이 만들기도 해야 합니다.

習わせられる 어쩔 수 없이 배우다(「習う(배우다)」의 사역 수동형)   この 前 일전에
飲ませられる 어쩔 수 없이 마시다(「飲む(마시다)」의 사역 수동형)   取引先 거래처
報告書 보고서   作らせられる 어쩔 수 없이 만들다(「作る(만들다)」의 사역 수동형)

실력 쑥쑥 문제가 떴다!

1. 다음 보기에서 빈 칸에 들어갈 단어를 골라 알맞게 고쳐 보세요. 단, 답은 중복될 수 있습니다.

[보기] 食べる　飲む　する　読む　入れる　消す　書く　起きる

(1) 学生は　勉強を　_____　なければ　なりません。

(2) 野菜は　_____　なければ　なりません。

(3) 宿題を　出す　時は　名前を　_____　なければ　なりません。

(4) 薬を　_____　なくても　いいですか。

(5) 説明書を　_____　なくても　いいですか。

(6) 朝早く　_____　なくても　いいですか。

(7) 電気を　_____　ないで　寝ました。

(8) 私は　コーヒーを　飲む　時　クリームは　_____ないで　飲みます。

2. 다음 그림을 보고, 빈 칸에 들어갈 알맞은 수동형을 써 넣으세요.

(1) 私は　母に　_____　ました。

(2) 私は　犬に　_____　ました。

(3) 私は　恋人に　_____　ました。

(4) 私は　友だちに　_____　ました。

(5) 私は　母に　_____　ました。

실력 쑥쑥 문제가 떴다!

3 다음 그림을 보고 보기와 같이 사역형과 사역수동형으로 써보세요.

[보기]
母が 私に 皿を <u>洗わせ</u> ました。
私は 母に 皿を <u>洗わせられ</u> ました。

(1) 先輩が 私に 歌を _____ ました。
　　私は 先輩に 歌を _____ ました。

(2) 上司が 私に お茶を _____ ました。
　　私は 上司に お茶を _____ ました。

(3) 友だちが 私に お金を _____ ました。
　　私は 友だちに お金を _____ ました。

(4) 母が 私に 野菜を _____ ました。
　　私は 母に 野菜を _____ ました。

4. 다음 林 씨의 글을 읽고, 질문에 답해 보세요.

> 先週の 土曜日に 会社の 同僚と 上司と 部下 四人で お酒を 飲みました。私は お酒が あまり 好きじゃ ないんですが、①上司に 無理やり お酒を 飲ませられて たくさん 飲みました。飲み会が 終わった 後で みんなで カラオケに 行きました。カラオケで ②私は 部下に 歌を 歌わせて 同僚には 踊りを 踊らせました。

1) 林 씨의 글 해석입니다. 밑줄친 부분을 한글로 써 보세요.

   지난주 토요일에 회사 동료랑 상사랑 부하랑 넷이서 술을 마셨습니다. 저는 술을 별로 좋아하지 않는데,
   ① _____. 회식이 끝나고 나서 모두 함께
   가라오케에 갔습니다. 가라오케에서 ② _____.

2) 다음 질문에 답해 보세요.

   ① お酒を 飲む 時 林さんの 上司は 林さんに 何を させましたか。

   　_____。

   ② お酒を 飲む 時 林さんは 上司に どんな 事を させられましたか。

   　_____。

   ③ カラオケで 林さんは 部下に 何を させましたか。

   　_____。

Memo

제 9 장

동사의 い단을 이용하자.

い단을 이용한다는 의미는 즉, 동사의 ます형을 이용하자는 의미가 된답니다.
그럼, 9장에서는 ます형에 붙는 여러 가지 문형을 함께 배워 보도록 할까요?
* 참고로, 다음의 별색 부분이 이 장에서 새롭게 배울 문형입니다.

단어	い단(ます형)	문형	
飲む(の) 마시다	飲み(の)	ます ました ません ませんでした ましょう たい に ながら かた やすい / にくい はじめる / おわる なさい すぎる そうだ	마십니다 마셨습니다 마시지 않습니다 마시지 않았습니다 마십시다 마시고 싶다 마시러 마시면서 마시는 법 마시기 쉽다 / 마시기 어렵다 마시기 시작하다 / 다 마시다 마시세요 과음하다 마실 것 같다

제9장 | 01 동사의 ます형 + たい
~하고 싶다

[새차를 사고 싶어요. → 新しい 車が 買いたいです。]

위의 문장은 새차를 사고 싶은 희망을 나타내고 있네요. 이처럼 「~たい」는 어떤 행동을 하고 싶은 희망을 나타낼 때 사용하는 표현이랍니다.

 공식으로 한방에!

단어	접속 형태	
買う 사다	買いたいです	사고 싶습니다
	買いたく ありません	사고 싶지 않습니다

▶ 「~たい」는 1인칭(본인)과 2인칭(본인과 대화하는 상대방)의 희망을 나타냅니다.

山本 : 真理子さんは 今 何が 買いたいですか。
마리코 씨는 지금 무엇을 사고 싶습니까?

真理子 : 私は 今 新しい 車が 買いたいです。
저는 지금 새 차를 사고 싶습니다.

▶ 「~たい」 문형에서 목적격 조사 「を」는 「が」로 바꿀 수 있습니다.

今 刺身を 食べたいです。 (= 今 刺身が 食べたいです。)
지금 회를 먹고 싶습니다.

▶ 3인칭 (대화에 참여하지 않은 사람)의 희망은 「~たがる」로 나타내면 됩니다.

山本 : 真理子さんの お母さんは どこに 行きたがって いますか。
마리코 씨의 어머니는 어디에 가고 싶어합니까?

真理子 : 私の母は アメリカに 行きたがって います。
우리 어머니는 미국에 가고 싶어하십니다.

확인도장 꾸~욱!

다음 보기와 같이 동사를 「~たい」형으로 바꾸어 우리말에 맞도록 써 보세요.

단어	의미	동사의 ます형 + たい	
〈보기〉 行く	가다	가고 싶은 곳	→ 行きたい ところ
住む	살다	살고 싶습니다	→
習う	배우다	배우고 싶지 않습니다	→
休む	쉬다	쉬고 싶었습니다	→
横に なる	눕다	눕고 싶습니다	→
会う	만나다	만나고 싶은 사람	→

술술 말문이 트이는 문장 연습

❶ 今 眠いので コーヒーが 飲みたいです。
지금 졸립기 때문에 커피를 마시고 싶습니다.

❷ 言い訳は 聞きたく ありません。
변명은 듣고 싶지 않습니다.

❸ 世界の 中で 日本に 一番 行きたいです。
세계에서 일본에 가장 가고 싶습니다.

❹ ジョンさんに 会いたいです。
정 씨를 만나고 싶습니다.

眠い 졸리다   コーヒー 커피   言い訳 변명   世界 세계   ~の 中で ~중에서
一番 제일, 첫째   ~に 会う ~을/를 만나다

제9장 02 동사의 ます형 + に
~하러

[밥이나 먹으러 갑시다. → ご飯でも 食べに 行きましょう。]

위의 문장처럼 「동사의 ます형+に」는 목적을 나타내는 표현이랍니다. 이 표현 뒤에는 주로 「行く(가다)·来る(오다)·出かける(나가다)」 등의 동사가 온다는 것도 함께 기억해 두세요.

 공식으로 한방에!

단어	접속 형태
食べる 먹다	食べに 먹으러

▶ 동사의 목적은 「동사의 ます형 + に」로 나타냅니다.

明日 デパートに 靴を 買いに 行きます。
내일 백화점에 구두를 사러 갑니다.

彼は 恋人に 会いに 行きました。
그 사람은 애인을 만나러 갔습니다.

▶ 동작성 명사의 목적은 2가지로 나타낼 수 있습니다.
① 동작성 명사 + 「を しに」
② 동작성 명사 + 「に」

明日 買い物を しに 行きます (=明日 買い物に 行きます)。
내일 쇼핑을 하러 갑니다(내일 쇼핑 갑니다).

↳ 동사「する(하다)」를 붙여서 동작을 나타낼 수 있는 동작성 명사에 주로 쓰입니다.

買い物(쇼핑), 散歩(산책), 旅行(여행), 食事(식사), 勉強(공부), 出張(출장), 山登り(등산), スキー(스키) 등 모든 스포츠

확인도장 꾸~욱!

다음 그림을 보고, 金(キム)さんの 일본에 가는 목적을 빈 칸에 써 보세요.

① 金(キム)さんは 日(に)本(ほん)へ _____に 行(い)きます。

② 金(キム)さんは 日(に)本(ほん)へ _____に 行(い)きます。

③ 金(キム)さんは 日(に)本(ほん)へ _____に 行(い)きます。

④ 金(キム)さんは 日(に)本(ほん)へ _____に 行(い)きます。

술술 말문이 트이는 문장 연습

① 先(せんしゅう)週は 日(に ほん)本へ 遊(あそ)びに 行(い)って きました。
지난주는 일본에 놀러 갔다 왔습니다.

② 今(いま)から お昼(ひる)を 食(た)べに 行(い)きますけど、一(いっしょ)緒に 行(い)きませんか。
지금 점심을 먹으러 갑니다만, 함께 안 가실래요?

③ 友(とも)だちに 会(あ)って デパートへ 買(か)い物(もの)に 行(い)きました。
친구를 만나서 백화점에 쇼핑하러 갔습니다.

先(せんしゅう)週 지난주   遊(あそ)ぶ 놀다   行(い)って くる 갔다 오다   お昼(ひる) 점심   買(か)い物(もの) 쇼핑

제9장 03 동사의 ます형 + ながら
〜하면서

[(저는) 영화를 보면서 항상 팝콘을 먹어요. →
映画を 見ながら いつも ポップコーンを 食べます。]

위의 문장은 영화를 보는 것과 동시에 팝콘도 먹는다는 뜻을 나타내고 있네요. 이처럼 「〜ながら」는 두 개의 동작을 동시에 한다는 것을 나타낼 때 사용하는 표현이랍니다.

공식으로 한방에!

단어	접속 형태	
見る 보다	見ながら	보면서

술술 말문이 트이는 문장 연습

❶ 映画を 見ながら いつも コーラを 飲みます。
영화를 보면서 항상 콜라를 마십니다.

❷ 書きながら 説明を 聞いて ください。
쓰면서 설명을 들어 주세요.

❸ テレビを 見ながら 勉強を しないで ください。
텔레비전을 보면서 공부를 하지 마세요.

いつも 항상   コーラ 콜라   説明 설명   〜ないで ください 〜하지 말아 주세요

제9장 04 동사의 ます형 + 方(かた)
~하는 법

[이 요리는 조리법이 간단하네요. →
この 料理は 作り方が 簡単ですね。]

위의 문장에서처럼 「동사의 ます형+方」는 '~하는 법'을 나타내는 표현이랍니다.

공식으로 한방에!

단어		접속 형태
作(つく)る 만들다	作(つく)り方(かた)	만드는 법, 조리법

술술 말문이 트이는 문장 연습

❶ この 料理(りょうり)は 作(つく)り方(かた)が 独特(どくとく)ですね。
이 요리는 만드는 법이 특이하네요.

❷ 林先生(はやしせんせい)は 教(おし)え方(かた)が 上手(じょうず)です。
하야시 선생님은 교수법이 능숙합니다. (잘 가르칩니다)

❸ 彼(かれ)と 私(わたし)は 考(かんが)え方(かた)が 違(ちが)います。
그 사람과 나는 생각(사고방식)이 다릅니다.

❹ ちょっと 言(い)い方(かた)に 気(き)を つけて ください。
말하는 법(말투)에 좀 신경 쓰세요.

教(おし)え方(かた) 교수법   考(かんが)え方(かた) 생각, 사고방식   違(ちが)う 다르다, 틀리다   言(い)い方(かた) 말투
気(き)を つける 조심하다, 신경 쓰다

제9장 05 동사의 ます형 + やすい / にくい
~하기 쉽다, ~하기 편하다, ~하기 좋다 / ~하기 어렵다

[알기 쉬운 설명 감사해요. →
わかりやすい 説(せつめい)明 ありがとう ございます。]

어떤 행위를 하기 쉽거나 편할 때 쓰는 표현이며, 이와 반대 표현은
「동사의 ます형 + にくい (~하기 어렵다, ~하기 불편하다)」가 됩니다.

공식으로 한방에!

단어	접속 형태	
わかる 알다, 이해하다	わかりやすいです わかりにくいです	이해하기 쉽습니다 이해하기 어렵습니다

술술 말문이 트이는 문장 연습

❶ 柔(やわ)らかくて 食(た)べやすいです。 부드러워서 먹기 편합니다.
❷ 細(ほそ)くて 持(も)ちやすいです。 가늘어서 잡기 편합니다.
❸ 説(せつ)明(めい)が わかりやすかったです。 설명이 알기 쉬웠습니다.
❹ ソウル大(だい)学(がく)は 入(はい)りにくいです。 서울 대학은 들어가기 어렵습니다.

柔(やわ)らかい 부드럽다　細(ほそ)い 가늘다　持(も)つ 가지다, 들다　入(はい)る 들어가다(예외 1그룹)

제9장 06 동사의 ます형 + 始める / 終わる
~하기 시작하다 / 다 ~하다

[우리 아이는 책을 <mark>읽기 시작하면</mark> 밤을 새요. →
うちの 子は 一度 本を <mark>読みはじめたら</mark> 寝ません。]

「동사의 ます형+始める / 終わる」는 단순히 '시작하다, 끝나다'의 의미가 아니라 '어떤 행동을 하기 시작하다 / 어떤 행동을 끝내다'라는 의미를 나타내는 표현이 됩니다.

공식으로 한방에!

단어	접속 형태	
読む	読み始めました	읽기 시작하다
읽다	読み終わりました	다 읽었습니다

술술 말문이 트이는 문장 연습

❶ 山本 : この 前 買った 本は 読んで いますか。
　　　　일전에 산 책은 읽고 있습니까?
　真理子 : 昨日から 読み始めました。
　　　　어제부터 읽기 시작했습니다.

❷ 食べ終わったら 私に 連絡して ください。
　다 먹으면 저에게 연락해 주세요.

この 前 일전　連絡 연락

제9장 07 동사의 ます형 + なさい
~하세요, ~하시오, ~해요

[빨리 대답하세요. → 早(はや)く 答(こた)えなさい。]

위의 문장은 상대방에게 가볍게 명령하거나 지시하고 있는 느낌이 드시나요? 「~て ください(~해 주세요)」p103 보다는 정중한 느낌이 덜하기 때문에 주로 손윗사람이 손아랫사람에게 또는 허물없는 사이에서 사용하는 표현이랍니다.

공식으로 한방에

단어	접속 형태
答(こた)える 대답하다	答(こた)えなさい 대답하세요, 대답하시오

술술 말문이 트이는 문장 연습

❶ 家(いえ)に 帰(かえ)ってきたら まず 手(て)を 洗(あら)いなさい。
집에 돌아오면 우선 손을 씻거라.

❷ 自分(じぶん)の ことは 自分(じぶん)で やりなさい。
자신의 일은 자신이 해요.

❸ 早(はや)く 答(こた)えなさい。
빨리 대답하세요.

帰(かえ)ってくる 돌아오다 ~たら ~하면 まず 우선 自分(じぶん)の こと 자신의 일 自分(じぶん)で 스스로
やる 하다 答(こた)える 대답하다

제9장 08 동사의 ます형 + すぎる
너무 ~하다, 지나치게 ~하다

[다이어트 중인데 또 과식했어요. →
ダイエット中なのに また 食べすぎました。]

위의 문장은 어떤 행동이 과하거나 지나쳤음을 나타내는 표현이랍니다. 그래서 「~すぎる」가 붙은 표현은 결코 좋은 의미가 아니라는 사실! 이 표현은 「~すぎる(너무 ~하다)」라는 동사형과 「~すぎ(너무 ~함)」라는 명사형 양쪽 모두 사용가능하답니다.

 공식으로 한방에!

품사		만드는 방법	접속 문형	
동사	飲む 마시다	동사의 ます형 + すぎ すぎる	飲みすぎ 飲みすぎる	과음 과음하다
な형용사	真面目だ 성실하다	어미 「だ」를 뗌 + すぎ すぎる	真面目すぎ 真面目すぎる	너무 성실함 너무 성실하다
い형용사	高い 비싸다	어미 「い」를 뗌 + すぎ すぎる	高すぎ 高すぎる	너무 비쌈 너무 비싸다

 술술 말문이 트이는 문장 연습

❶ 昨日 飲みすぎて 頭が 痛いんです。 어제 과음해서 머리가 아픕니다.

❷ ご飯が 多すぎます。 밥이 너무 많습니다.

❸ 食べすぎ しないで ください。 과식하지 마세요.

 飲みすぎる 과음하다　多い 많다　食べすぎ 과식

제9장	09	~そうだ
		~일 것 같다, ~해 보인다 〈예상〉

[이 빵 달아 보여요. → この パン 甘(あま)そうです。]

빵을 먹어 보기 전에 빵의 생김새만 보고 왠지 달 것 같다고 예상하는 표현이죠. 이처럼 「~そうだ」는 어떤 사물의 겉모습을 보고 예언하거나 예상하는 표현이에요. 그래서 예언과 예상이 아닌 '예쁘다, 크다, 까맣다'처럼 눈으로 보고 확인할 수 있는 표현과 명사에는 접속 불가랍니다.

 공식으로 한방에!

품사		만드는 방법	~일 것 같다. ~일 것 같아 보인다
동사	降(ふ)る 내리다	동사의 ます형 + そうだ	降(ふ)りそうです 내릴 것 같습니다 降(ふ)りそうでした 내릴 것 같았습니다 降(ふ)りそうに(も) ありません 내리지 않을 것 같습니다 降(ふ)りそうに(も) ありませんでした 내지 않을 것 같았습니다
な형용사	真面目(まじめ)だ 성실하다	어미「だ」를 뗌 + そうだ	真面目(まじめ)そうです 성실할 것 같습니다 真面目(まじめ)そうでした 성실할 것 같았습니다 真面目(まじめ)じゃ なさそうです 성실하지 않을 것 같습니다 真面目じゃ なさそうでした 성실하지 않을 것 같았습니다
い형용사	高(たか)い 비싸다	어미「い」를 뗌 + そうだ	高(たか)そうです 비쌀 것 같습니다 高(たか)そうでした 비쌀 것 같았습니다 高(たか)く なさそうです 비싸지 않을 것 같습니다 高(たか)く なさそうでした 비싸지 않을 것 같았습니다 ※ 예외 いい(좋다) : よさそうです(좋아 보입니다) ない(없다) : なさそうです(없어 보입니다)

▶ 형용사에 「〜そうだ」를 접속하면 주로 '〜해 보인다'로 해석하며, 사람이나 사물의 외견을 보고 느껴지는 첫 느낌을 나타낼 때 사용합니다.

これ　とても　美味(おい)しそうですね。 이것은 맛있어 보이네요.

▶ 동사에 「〜そうだ」를 접속하면 주로 '〜할 것 같다'로 해석하며, 어떤 일이 일어나기 바로 직전이나 일이 일어날 가능성 등을 예상할 때 사용합니다.

雨(あめ)が　降(ふ)りそうです。 비가 내릴 것 같습니다.
荷物(にもつ)が　落(お)ちそうです。 짐이 떨어질 것 같습니다.

▶ 정보를 전달하는 「〜そうだ」와 다르게 예언의 「〜そうだ」는 な형용사처럼 활용합니다.

先生(せんせい)を　初(はじ)めて　見(み)た　時(とき)　怖(こわ)そうでした。 선생님을 처음 봤을 때 무서워 보였습니다.
面白(おもしろ)そうな　本(ほん)ですね。 재미있어 보이는 책이군요.
ちょっと　甘(あま)そうに　見(み)えます。 좀 달아 보입니다.

▶ 정보를 전달하는 「〜そうだ」와 예상과 직감의 「〜そうだ」는 접속 형태가 다릅니다.

美味(おい)しいそうです。 맛있다고 합니다. 〈정보 전달〉
美味(おい)しそうです。 맛있어 보입니다. 〈예상, 직감〉

확인도장 꾸~욱!

1. 다음 보기와 같이 「〜そうだ」 문형을 이용하여 우리말에 맞도록 알맞게 써 넣으세요.

단어	의미		〜そうだ
〈보기〉 幸(しあわ)せだ	행복하다	행복해 보입니다	→ 幸(しあわ)せそうです
いい	좋다	좋아 보입니다	→
美味(おい)しい	맛있다	맛있지 않을 것 같습니다	→
落(お)ちる	떨어지다	떨어지지 않을 것 같습니다	→
重(おも)い	무겁다	무거워 보였습니다	→
できる	할 수 있다	할 수 있을 것 같았습니다	→
大変(たいへん)だ	힘들다	힘들지 않을 것 같았습니다	→

2. 다음 보기와 같이 「～そうだ」 활용형을 이용하여 우리말에 맞도록 알맞게 써 넣으세요.

단어	의미	「そうだ」의 활용	
[보기] 美味しい	맛있다	맛있어 보이는 사과	→ 美味しそうな　りんご
泣く	울다	울 것 같은 아이	→
頭が いい	머리가 좋다	머리가 좋아 보이는 아이	→
面白い	재미있다	재미없어 보이는 책	→
厳しい	엄격하다	엄격할 것 같아 보입니다	→
重い	무겁다	무거워 보이는 가방	→
悲しい	슬프다	슬퍼 보이는 얼굴	→
幸せだ	행복하다	행복해 보이는 부부	→

술술 말문이 트이는 문장 연습

❶ あまり 難しく なさそうですけど…。
별로 어려워 보이지 않는데…….

❷ 昨日 会った 田中さんの 彼氏は とても 真面目そうでした。
어제 만난 다나카 씨의 애인은 굉장히 성실해 보였습니다.

❸ 雨 すごいですね. しばらく 止みそうに ありませんね。
비가 굉장하군요. 금방 그칠 것 같지 않네요.

～けど ～(이)지만, ～인데　　すごい 굉장하다　　しばらく 얼마동안, 잠시　　止む (비 등이) 그치다

실력 쑥쑥 문제가 떴다!

1 다음 (　) 안에 들어갈 알맞은 표현을 고르세요.

(1) 今度の 週末 天気が よかったら、一緒に ドライブに (　　　　　)。

① 行きやすいです　　② 行きたいです
③ 行きました　　　　④ 行きすぎます

(2) 昨日 お酒を (　　　　　) 頭が 痛いんです。

① 飲みたくて　　② 飲みながら
③ 飲みやすい　　④ 飲みすぎて

(3) 山本：真理子さん！ 今 読んで いる 本 面白そうですね。
　　　　私にも 貸して ください。

　　真理子：はい、(　　　　　) 貸します。

① 読みます　　　　　② 読みやすいから
③ 読みおわったら　　④ 読みはじめたら

(4) うるさいから 静かに (　　　　　)。

① しなさい　　　　② したく ありません
③ しおわりました　④ しに

실력쑥쑥 문제가 떴다!

(5) この 携帯は 画面も 小さいし 重いし （　　　　）。

① 使いましょう　　　　② 使いなさい

③ 使いにくいです　　　④ 使い方が いいです

(6) 彼と 私は （　　　　）が 違います。

① 考え方　　　　　　　② 考えやすい

③ 考えにくい　　　　　④ 考えそうに

(7) 先週は 友だちに （　　　　） 日本に 行ってきました。

① 会い　　　　　　　　② 会いたがって

③ 会いながら　　　　　④ 会いに

2 다음 보기 중 (　　) 안에 들어갈 단어를 골라 문장에 맞도록 알맞게 고쳐 쓰세요.

[보기] 行く　食べる　休む　飲む　会う

(1) 今 冷たい ビールが （　　　　）たいです。

(2) 夏だから 海に （　　　　）たいです。

(3) アメリカに 住んで いる 姉に （　　　　）たいです。

(4) 疲れたから ちょっと （　　　　）たいです。

(5) 新鮮な 刺身が （　　　　）たいです。

3 다음 그림을 보고, (　) 안에 들어갈 알맞은 말을 써 보세요.

(1)  ご飯を (　　) ながら 話して います。

(2)  映画を (　　) ながら コーラを 飲んで います。

(3)  音楽を (　　) ながら 歌を 歌って います。

(4)  たばこを (　　) ながら お酒を 飲んで います。

(5)  新聞を (　　) ながら たばこを 吸って います。

실력 쑥쑥 문제가 떴다!

4 다음 그림을 보고, ( ) 안에 들어갈 알맞은 표현을 써 보세요.

(1) 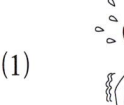 この 料理は (辛い →　　　　)そうです。

(2)  山本さんは 今 (暇だ → 　　　　)そうです。

(3)  田中さんは 今 (幸せだ → 　　　　)そうです。

(4)  雨が (降る → 　　　　)そうです。

(5)  この 人は (眠い → 　　　　)そうです。

(6)  この 服は (高い → 　　　　)そうです。

(7)  (危ない → 　　　　)そうだから 気を つけて!

5 다음 문장에 들어갈 알맞은 표현을 골라 ○를 하세요.

(1) 優し(そうな、 そうに、 そうだった)　人です。

(2) 面白くなさ(そうな、 そうに、 そうだった)　見えます。

(3) 難し(そうな、 そうに、 そうだった)　本です。

(4) 昨日　会った　三木さんの　彼氏は　真面目

　　(そうな、 そうに、 そうだった)　人です。

(5) 頭が　よさ(そうな、 そうに、 そうだった)　見える　子ですね。

Memo

제 10 장

동사의 う단을 이용하자.

동사의 う단을 이용한다는 것은 기본형을 이용한다는 의미가 됩니다.
그럼, 이제부터 동사의 기본형을 이용하는 여러 가지 문형을 함께 살펴 볼까요?

단어	う단	문형	
する 하다	する	ことが できる ことに する ことに なる ように する ように なる つもりだ 予定だ と	할 수 있다 하기로 하다 하게 되다 하도록 하다 하게 되다 할 작정이다 할 예정이다 하면

제10장 01 동사의 기본형 + ことが できる
~을 할 수 있다

[훨씬 더 싸게 살 수 있어요. → もっと 安(やす)く 買(か)うことが できます。]

위의 문장은 '싸게 사는 것이 가능하다'라는 의미로, 가능 표현을 나타내고 있습니다. 「동사의 기본형 + ことが できる」의 부정형은 「기본형 + ことが できない (できません)」으로 나타냅니다.

공식으로 한방에!

단어	접속 형태	
買(か)う	買(か)うことが できます	살 수 있습니다
사다	買(か)うことが できません	살 수 없습니다

술술 말문이 트이는 문장 연습

❶ 一万(いちまん)ウォンで 美味(おい)しい ご飯(はん)を 食(た)べることが できます。
만원으로 맛있는 밥을 먹을 수 있습니다.

❷ 図書館(としょかん)で 本(ほん)を 借(か)りることが できます。
도서관에서 책을 빌릴 수 있습니다.

❸ インターネットで 情報(じょうほう)を 調(しら)べることが できます。
인터넷으로 정보를 조사할 수 있습니다.

一万(いちまん) 만   借(か)りる 빌리다   インターネット 인터넷   情報(じょうほう) 정보   調(しら)べる 조사하다

제10장 02 동사의 기본형 + ことに する
~하기로 하다

[우리 헤어지기로 했어요. → 私たち 別れることに しました。]

위의 문장에서 연인이 헤어지기로 결정했다는 비장한 결심이 팍팍 느껴지시나요? 이처럼 「~ことに する」는 자신의 의지로 어떤 행동을 하겠다고 결정하는 것을 나타내는 표현이랍니다.

공식으로 한방에!

단어	접속 형태	
読む	読むことに します	읽기로 하겠습니다
읽다	読まないことに します	읽지 않기로 하겠습니다

술술 말문이 트이는 문장 연습

❶ 私は 健康の ために 毎朝 運動を することに して います。
저는 건강을 위해서 매일 아침 운동을 하기로 했습니다.

❷ ちょっと 迷いましたけど、結局 私も 行くことに しました。
좀 고민했지만, 결국 저도 가기로 했습니다.

健康 건강 ~の ために ~을 위해서 迷う 고민하다, 방황하다 結局 결국

제10장 03 동사의 기본형 + ことに なる
~하게 되다

[갑자기 출장을 가게 됐어요. →
急(きゅう)に 出張(しゅっちょう)に 行(い)くことに なりました。]

여러분, 출장은 자신의 의지로 가는 게 아니라 주로 상사의 명령이나 회사의 결정에 의해 가게 되죠? 이 표현은 10장의 2에서 살펴본 「~ことに する(~하기로 하다)」처럼 결정의 의미를 나타내지만, 본인의 결정이 아닌 외부의 결정에 의해 ~하게 되다라는 의미를 나타낸답니다.

공식으로 한방에!

단어	접속 형태	
行(い)く 가다	行(い)くことに なりました 行(い)かないことに なりました	가게 되었습니다 가지 않게 되었습니다

술술 말문이 트이는 문장 연습

❶ その 件(けん)は 私(わたし)が 担当(たんとう)することに なりました。
그 건은 제가 담당하게 되었습니다.

❷ 事務室(じむしつ)では たばこは 外(そと)に 出(で)て 吸(す)うことに なって います。
사무실에서는 담배는 밖에 나가서 피우게 되어 있습니다.

その 件(けん) 그 건　担当(たんとう)する 담당하다　事務室(じむしつ) 사무실　外(そと) 바깥, 밖　出(で)る 나가(오)다

제10장 04 동사의 기본형 + ように する
~하도록 하다

[가능한 한 큰 소리로 읽도록 하세요. →
  できるだけ 大きな 声で 読むように して ください。]

위 문장은 큰 소리로 읽도록 노력한다는 의미를 담고 있답니다. 이처럼 「~ように する」는 '~하도록 계속해서 노력하다'라는 의미를 나타내는 표현이 됩니다.

공식으로 한방에!

단어	접속 형태	
読む	読むように します	읽도록 하겠습니다
읽다	読まないように します	읽지 않도록 하겠습니다

술술 말문이 트이는 문장 연습

❶ 健康の ために これからは できるだけ たくさん 歩くように します。
건강을 위해서 이제부터는 가능한 한 많이 걷도록 하겠습니다.

❷ 日本語が 上手に なるように 大きな 声で 本を 読むように して います。
일본어를 잘하기 위해서 큰 소리로 책을 읽도록 하고 있습니다.

❸ 体に 悪いから ストレスは 溜めないように して ください。
몸에 안 좋으니까, 스트레스는 쌓이지 않도록 하세요.

단어 できるだけ 가능한 한　歩く 걷다　上手に なる 잘하게 되다　溜める 쌓다

제10장 05 **동사의 기본형 + つもりだ**
~할 작정이다, ~할 생각이다

[두 번 다시 안 만날 생각이에요. → 二度と 会わないつもりです。]

위 문장에서 다시는 안 만날 거라는 강한 의지가 느껴지나요?
이처럼 「~つもりだ」는 의지가 굳어져 있는 앞으로의 계획을 말할 때 사용하는 표현입니다.

공식으로 한방에!

단어	접속 형태	
会う	会うつもりです	만날 작정(생각)입니다
만나다	会わないつもりです	만나지 않을 작정(생각)입니다

술술 말문이 트이는 문장 연습

❶ 今度の 週末は 家で ゆっくり 休むつもりです。
이번 주말은 집에서 푹 쉴 생각입니다.

❷ 寒く なかったら ドライブに 行くつもりです。
춥지 않으면, 드라이브를 갈 생각입니다.

❸ これからは たばこは 吸わないつもりです。
이제부터는 담배는 피우지 않을 생각입니다.

二度と 두 번 다시   寒く なかったら 춥지 않으면 ("寒く ない (춥지 않다)」의 たら형)

제10장 06 동사의 기본형 + 予定だ
~할 예정이다

[10시에 공항에 도착할 예정입니다. →
10時に 空港に 着く予定です。]

「~予定だ(~할 예정이다)」는 막연한 계획이 아니라 정해진 미래나 예정을 나타냅니다. 그래서 이 표현은 「~つもりだ」와는 달리 공식적인 일정이나 이미 결정되어 있는 예정을 나타낼 때 사용합니다.

 공식으로 한방에!

단어	접속 형태	
行く	行く予定です	갈 예정입니다
가다	行かない予定です	가지 않을 예정입니다.

 술술 말문이 트이는 문장 연습

❶ 会議は 9時に 始まる予定です。
회의는 9시에 시작될 예정입니다.

❷ 明日から 四日間 日本に 出張に 行く予定です。
내일부터 4일간 일본에 출장을 갈 예정입니다.

❸ この 飛行機は 10時に 成田空港に 着く予定です。
이 비행기는 10시에 나리타공항에 도착할 예정입니다.

 会議 회의   始まる 시작되다   四日 4일   飛行機 비행기   空港 공항   着く 도착하다

제10장 07 동사의 기본형 + ように なる
~하게 되다

[일본어가 늘었어요. → 日本語が 上手に なりました。]

일본어 실력이 좋지 않았었는데 잘하게 변화되었다는 것을 나타내고 있네요. 이렇게 명사, 형용사, 동사에 「~なる(~되다)」라는 동사를 접속시키면 변화를 나타내는 표현이 된답니다.

공식으로 한방에!

단어		만드는 방법	접속 문형
동사	作る 만들다	동사의 기본형 + ように なる	作るように なる 만들게 되다
명사	春 봄	명사 + に なる	春に なる 봄이 되다
な형용사	上手だ 능숙하다	な형용사의 어간 + に なる	上手に なる 능숙해지다
い형용사	暖かい 따뜻하다	い형용사의 어간 + く なる	暖かく なる 따뜻해지다

확인도장 꾸~욱!

1. 다음 보기와 같이 우리말에 맞도록 알맞게 써 넣으세요.

단어	의미	문형	
〈보기〉 社長	사장	사장이 되고 싶습니다 →	社長に なりたいです
眠い	졸립다	졸리게 되면	→
いい	좋다	좋아져서	→
きれいだ	예쁘다	예뻐졌습니다	→
よく 笑う	잘 웃다	잘 웃게 되었습니다	→

2. 다음 그림을 보고, ( ) 안에 들어갈 알맞은 말을 써 넣으세요.

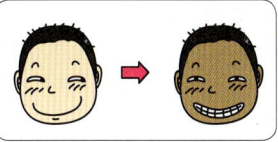
❶ 顔は （　　　　　　　） なりました。

❷ 髪は （　　　　　　　） なりました。

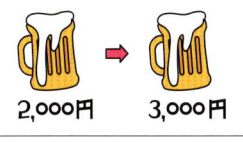
❸ ビールは （　　　　　　　） なりました。

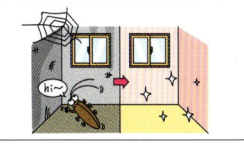
❹ 部屋は （　　　　　　　） なりました。

술술 말문이 트이는 문장 연습

❶ 私は 将来 先生に なりたいです。
저는 장래에 선생님이 되고 싶습니다.

❷ 三月に なって ちょっと 暖かく なりました。
3월이 되어서 좀 따뜻해졌습니다.

❸ 日本語が 上手に なりましたね。
일본어가 능숙해졌네요(일본어 실력이 늘었네요).

❹ 日本語の 勉強を 始めてから 日本の ドラマを 見るように なりました。
일본어 공부를 시작하고 나서, 일본 드라마를 보게 되었습니다.

将来 장래　　三月 3월　　暖かい 따뜻하다　　始める 시작하다

제10장 08 동사의 기본형 + と
～면 〈필수 조건〉

[이 길로 곧장 가면 보여요. → この 道を まっすぐ 行くと 見えます。]

일본인들은 위 문장과 같은 길 안내를 받으면 반드시 보일 것을 믿으며 곧장 걸어간답니다. 그 이유는 「～と」라는 조건문은 앞의 조건이 만족되면 반드시 뒤의 결과가 된다는 것을 나타내는 표현이기 때문입니다.

공식으로 한방에

	단어	만드는 방법	접속 문형(～と)
동사	行く 가다	기본형 + と ない형 + ないと	行くと 行かないと
な형용사	きれいだ 예쁘다	기본형 + と ない형 + ないと	きれいだと きれいじゃ ないと
い형용사	いい 좋다	기본형 + と ない형 + ないと	いいと よく ないと

▶ 「AとB」
A 조건이 만족되면 반드시 B 결과가 된다는 것을 의미하기 때문에 길 안내, 자연 현상, 진리, 반복적 습관, 기계조작 설명 등에 대한 조건 표현으로 사용합니다.
右に 曲がると 駅です。 오른쪽으로 돌면 역입니다.

▶ B에는 주관을 나타내는 '의지, 권유, 희망, 명령' 등의 문장은 올 수 없습니다.
時間が あると 散歩に 行きましょう。(×) 시간이 있으면 산책갑시다.

▶ B가 과거인 경우에는 과거의 습관 / 발견 / 연속동작의 의미를 나타낸답니다.(「たら」와 교체 가능)
彼女は 彼から もらった 手紙を 読むと 泣き出した。
그녀는 그에게서 받은 편지를 읽자 울기 시작했다.

확인도장 꾸~욱!

다음 보기와 같이 「と」 문형을 이용하여 우리말에 맞도록 알맞게 써 넣으세요.

단어	의미	문형
〈보기〉 する	하다	하지 않으면 → しないと
三月に なる	3월이 되다	3월이 되면 →
右に 曲がる	오른쪽으로 돌다	오른쪽으로 돌면 →
道を 渡る	길을 건너다	길을 건너면 →
食べる	먹다	먹지 않으면 →

술술 말문이 트이는 문장 연습

❶ 春に なると 花が たくさん 咲きます。〈자연 현상〉
봄이 되면 꽃이 많이 핍니다.

❷ お酒を 飲むと 顔が 赤く なります。〈습관〉
술을 마시면 얼굴이 빨개집니다.

❸ この ボタンを 押すと 動きます。〈기계조작 설명〉
이 버튼을 누르면 움직입니다.

❹ あの 角を 右に 曲がると 店が 見えます。〈길 안내〉
저 모퉁이에서 오른쪽으로 돌면 가게가 보입니다.

❺ 人間は 食べないと 死にます。〈진리〉
인간은 먹지 않으면 죽습니다.

春 봄　咲く 피다　赤い 빨갛다　押す 누르다　動く 움직이다　角 모퉁이
右 오른쪽　~に 曲がる ~으로 돌다　人間 인간　死ぬ 죽다

실력쑥쑥 문제가 떴다!

1 다음 문장을 읽고 ( ) 안에 들어갈 알맞은 표현을 고르세요.

(1) 久しぶりですね。きれい(　　　) なりましたね。
　① に　　　② く　　　③ ように　　　④ ことに

(2) この 薬を 飲んだら 眠(　　　) なるかも しれません。
　① に　　　② く　　　③ ように　　　④ ことに

(3) まだ 学生ですが、早く 社会人(　　　) なりたいです。
　① に　　　② く　　　③ ように　　　④ ことに

(4) 運動は あまり しなかったんですが、健康の ために 運動を する (　　　) なりました。
　① に　　　② く　　　③ ように　　　④ な

(5) 暖か(　　　) なったら、散歩に 行くつもりです。
　① に　　　② く　　　③ ように　　　④ ことに

2 다음의 대화를 읽고, ( ) 안에 들어갈 알맞은 표현을 써 넣으세요.

(1) 山本　：今度の 小林さんの お誕生日に 何を あげますか。
　真理子：今度は 香水を (　　　　) つもりです。

(2) 山本　：今度の 夏休みに どこか 行きますか。
　真理子：いいえ、どこへも (　　　　) つもりです。

(3) 山本　：運転免許を 取りましたか。
　真理子：いいえ、まだです。来月 (　　　　) つもりです。

(4) 山本 ：飛行機の 予約を しましたか。
　　 真理子：いいえ、まだです。明日（　　　　　）つもりです。

(5) 山本 ：新しい パソコンを 買いますか。
　　 真理子：安ければ（　　　　　）つもりですけど、安く なければ
　　　　　　（　　　　　）つもりです。

3 다음 대화를 읽고, (　) 안에 들어갈 알맞은 말을 써 넣으세요.

(1) 山本　風邪を ひいて しまったんです。
　　 真理子　お湯を たくさん（　　　　　）ように して ください。

(2) 山本　太って しまったんです。
　　 真理子　夜遅く（　　　　　）ように して ください。

(3) 山本　疲れたんです。
　　 真理子　無理（　　　　　）ように して ください。

4 다음 우리말의 학교 규칙을 보고, (　) 안에 들어갈 알맞은 말을 써 넣으세요.

> 큰 소리로 인사할 것
> 질문에는 큰 목소리로 대답할 것
> 교실에서는 담배를 피우지 말 것
> 복도에서는 뛰지 말 것
> 수업이 끝나면 정리하고 돌아갈 것

(1) この 学校では、大きな 声で 挨拶（　　　　　）ことに なって います。

(2) この 学校では、質問には 大きな 声で (　　　　)ことに なって います。

(3) この 学校では、教室の 中で たばこは (　　　　)ことに なって います。

(4) この 学校では、廊下で (　　　　)ことに なって います。

(5) この 学校では、授業が 終わったら、片付けてから
(　　　　)ことに なって います。

5 다음 山本 씨의 여행 일정표를 보고, 질문에 일본어로 답해 보세요.

7월 5일 오전 10시 : 비행기를 타고 일본으로 출발
7월 5일 오후 1시 : 아사쿠사에서 점심
7월 5일 오후 3시 : 자유 시간
7월 6일 오전 9시 : 후지산에 도착
7월 6일 오후 5시 : 온천

(1) 日本に 行く 飛行機は 何時に 出発する 予定ですか。
→ _____

(2) 山本さんは 日本に 行って 富士山に 行く 予定ですか。
→ _____

(3) 山本さんは 七月 六日 五時からは 何を する 予定ですか。
→ _____

제11장

동사의 え단을 이용하자.

이번에는 동사의 え단을 이용하는 여러 가지 문형을 함께 살펴 볼까요?

단어	え단	문형	
行く 가다	行け	る ば	가(라) 〈명령〉 갈 수 있다 〈가능〉 가면 〈조건〉

제11장 01 명령형
~해(라)

[저리로 가! → あっち 行け！]

이 표현은 주로 동물이나 손아랫사람에게 사용하는 명령 표현입니다. 따라서, 사용함에 있어서 주의가 필요하다는 것을 기억해 두세요.

공식으로 한방에!

그룹	만드는 방법	명령형	
1그룹	어미 う단을 え단으로 바꿈	行く 가다 → 行け 가(라)	
2그룹	어미 「る」를 뗌 + ろ / よ	見る 보다 → 見ろ / 見よ 봐(라)	
3그룹	무조건 암기	する 하다 → しろ / せよ 해(라) 来る 오다 → 来い 와(라)	

술술 말문이 트이는 문장 연습

❶ 早く 起きろ。 빨리 일어나(라).
❷ 明日 来い。 내일 와(라).
❸ はっきり 言え。 확실히 말해(라).

起きる 일어나다   はっきり 확실히   言う 말하다

제11장 02 가능 동사
~할 수 있다

[더 싸게 살 수 있는데……. → もっと 安(やす)く 買(か)えますけど…。]

위의 문장은 싸게 사는 일이 가능하다는 뜻을 나타내는 가능 표현입니다. 10장의 1에서 살펴 본 「기본형 + ことが できる p178」와 같은 의미를 나타내는 표현입니다.

공식으로 한방에!

그룹	만드는 방법	가능 동사 (~할 수 있다)			
1그룹	어미 う단을 え단으로 바꿈 + る	買(か)う	사다	→	買(か)える 살 수 있다
		行(い)く	가다	→	行(い)ける 갈 수 있다
		泳(およ)ぐ	헤엄치다	→	泳(およ)げる 헤엄칠 수 있다
		話(はな)す	이야기하다	→	話(はな)せる 이야기할 수 있다
		待(ま)つ	기다리다	→	待(ま)てる 기다릴 수 있다
		死(し)ぬ	죽다	→	死(し)ねる 죽을 수 있다
		飲(の)む	마시다	→	飲(の)める 마실 수 있다
		遊(あそ)ぶ	놀다	→	遊(あそ)べる 놀 수 있다
		乗(の)る	타다	→	乗(の)れる 탈 수 있다
2그룹	어미 「る」를 뗌 + られる	見(み)る	보다	→	見(み)られる 볼 수 있다
3그룹	무조건 암기	する	하다	→	できる 할 수 있다
		来(く)る	오다	→	来(こ)られる 올 수 있다

▶ 일본어의 가능 표현은 동사의 기본형에 「~ことが　できる」를 접속시키는 표현과 동사를 가능 동사로 만들어 나타내는 두 가지가 있습니다.

　　服を　買うことが　できます。 옷을 살 수 있습니다.

　＝服が　買えます。 옷을 살 수 있습니다.

▶ 가능 동사 앞에는 조사 「を」가 올 수 없습니다.

　　私は　日本料理が　作れます。 나는 일본요리를 만들 수 있습니다.

확인도장 꾸~욱!

1. 다음 보기와 같이 동사를 가능 표현과 가능 동사로 바꾸어 써 넣으세요.

단어	의미	가능 표현	가능 동사
[보기] 行く	가다	行くことが　できる	行ける
作る	만들다		
食べる	먹다		
する	하다		
話す	말하다		
買う	사다		
覚える	외우다		
忘れる	잊다		
来る	오다		
歌う	노래 부르다		
聞き取る	청취하다		
書く	쓰다		

2. 다음 보기와 같이 우리말에 맞도록 가능 동사 표현으로 바꾸어 써 넣으세요.

단어	의미	가능 동사
〈보기〉 一人で 行く	혼자서 가다	혼자서 갈 수 있습니다 → 一人で 行けます
漢字を 書く	한자를 쓰다	한자를 못 씁니다 →
キムチを 作る	김치를 만들다	김치를 만들 수 없습니다. →
日本の 歌を 歌う	일본노래를 부르다	일본노래를 부를 수 있습니다 →
早く 覚える	빨리 외우다	빨리 못 외웁니다 →
高校生を 教える	고등학생을 가르치다	고등학생을 가르칠 수 있습니다 →
傘を 借りる	우산을 빌리다	우산을 빌릴 수 있습니다 →
明日 来る	내일 오다	내일 못 옵니다 →
運転を する	운전을 하다	운전을 할 수 없습니다 →

술술 말문이 트이는 문장 연습

❶ 簡単な 漢字なら 読めます。
간단한 한자라면 읽을 수 있습니다.

❷ 日本語が 少し 聞き取れます。
일본어를 조금 알아들을 수 있습니다.

❸ 全部は 食べられません。
전부는 먹을 수 없습니다.

❹ 昨日は うるさくて 寝られなかったんです。
어제는 시끄러워서 잘 수 없었습니다.

 ~なら ~라면   聞き取る 알아듣다, 청취하다   うるさい 시끄럽다   寝る 자다

제11장 03 ～ば
～면 〈조건〉

[어떻게 하면 됩니까? → どう すれば いいですか。]

「～ば」는 어떤 일의 목적을 달성하기 위해서 앞에 오는 조건이 얼마만큼 필요한가를 나타내는 의존적 의미가 강한 조건표현입니다.

공식으로 한방에!

품사		만드는 방법	조건 (「ば」)
동사	降る 내리다	1그룹 – 어미 う단을 え단으로 바꿈 + ば 2그룹 – 어미 「る」를 뗌 + れば 3그룹 – すれば / 来れば	降れば 降らなければ
명사	風邪 감기	명사 + なら(ば) じゃ なければ	風邪ならば 風邪じゃ なければ
な형용사	嫌だ 싫다	な형용사의 어간 + なら(ば) じゃ なければ	嫌ならば 嫌じゃ なければ
い형용사	高い 비싸다	い형용사의 어간 + ければ く なければ	高ければ 高く なければ

▶ 「AばB」
A 조건이 만족되면 반드시 B의 결과가 된다는 의미로, 길 안내, 자연 현상, 진리 등에 대한 조건 표현으로 사용됩니다.(「と」와 교체 가능)

春が 来れば 暖かく なります。 봄이 되면 따뜻해 집니다.

▶ A 조건에 명사, 형용사, 상태를 나타내는 동사, ない형이 오면 B에는 주관적인 문장이 올 수 있습니다.

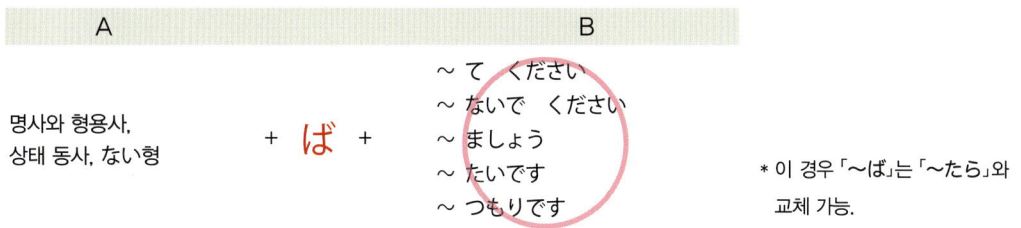

お金が あれば 旅行に 行きたいです。
돈이 있으면 여행을 가고 싶습니다.

▶ A 조건에 「동작 동사」가 사용되면 B문에는 주관적인 문장이 올 수 없습니다.

A		B
동작 동사	+ ば +	~ て ください ~ ないで ください ~ ましょう ~ たいです ~ つもりです

日本に 行けば カメラを 買って きて ください。(X)
日本に 行ったら カメラを 買って きて ください。(○) 일본에 가면 카메라를 사오세요.

▶ 'A 조건이 만족되면 B가 성립되지만, A 조건이 만족되지 않으면 B는 성립되지 않는다'는 의미를 나타냅니다.
安ければ 買いますけど、安く なければ 買いません。 싸면 사겠지만 싸지 않으면 사지 않을 겁니다.

▶ 「~ば」는 어떤 목적을 달성하기 위한 객관적인 조건을 제시하는 경우에 많이 사용되기 때문에 「~ば いい」 형태와 가능 표현의 조건문으로 주로 사용됩니다.

どう すれば いいですか。 어떻게 하면 좋습니까?
古い 本屋に 行けば 買えます。 헌책방에 가면 살 수 있습니다.

▶ 속담과 격언에도 사용합니다.
住めば 都。 살면 고향.

확인도장 꾸~욱!

1. 다음 보기와 같이 「~ば」 문형을 이용하여 우리말에 맞도록 써 넣으세요.

단어	의미	~ば(~면)	
〈보기〉 いい	좋다	좋으면	→ よければ
する	하다	하지 않으면	→
春に なる	봄이 되다	봄이 되면	→
暇だ	한가하다	한가하면	→
風邪だ	감기다	감기가 아니면	→
降る	내리다	내리지 않으면	→
来る	오다	오면	→
見る	보다	보면	→
多い	많다	많으면	→

2. 다음 보기와 같이 (　) 안에 제시된 단어를 문장에 맞도록 「~ば」 문형으로 바꾸어 써 넣으세요.

[보기]　天気が （いい → よければ） ドライブに 行きましょう。

❶ 雨が （降らない → 　　　　） ドライブに 行きましょう。

❷ （暇だ → 　　　　） ドライブに 行きましょう。

❸ （忙しく ない → 　　　　） ドライブに 行きましょう。

❹ （暖かい → 　　　　） ドライブに 行きましょう。

❺ 時間が （ある → 　　　　） ドライブに 行きましょう。

3. 다음 보기와 같이 그림을 보고 「ば」문형을 이용해서 답해 보세요.

[보기] どう すれば 日本語が 上手に なりますか。
→ 単語を 覚えれば 上手に なります。

❶ どう すれば 服が 安く 買えますか。
→ _____

❷ どう すれば 料理が 美味しく 作れますか。
→ _____

❸ どう すれば やせられますか。
→ _____

술술 말문이 트이는 문장 연습

❶ 日本に 行けば 新鮮な 刺身が 食べられます。
일본에 가면 신선한 회를 먹을 수 있습니다.

❷ 時間が あれば 旅行にでも 行きたいんですけど…。
시간이 있으면 여행이라도 가고 싶은데…….

❸ 夜遅く 食べなければ いいですよ。
밤늦게 먹지 않으면 돼요.

新鮮だ 신선하다   夜遅く 밤늦게

실력 쑥쑥 문제가 떴다!

1 다음 문장을 읽고, (   ) 안에 제시된 단어를 문장에 맞도록 바꾸어 써 넣으세요.

(1) 時間が (ある → 　　　　　)ば 私も 行きたいです。

(2) (嫌だ → 　　　　　)ば しなくても いいです。

(3) お金が (ない → 　　　　　)ば 買わないで ください。

(4) 一生懸命 (する → 　　　　　)ば 上手に なります。

(5) 大きい 本屋に (行く → 　　　　　)ば その 本が 買えます。

(6) 質が (いい → 　　　　　)ば 私も 買うつもりです。

(7) (忙しい → 　　　　　)ば 遊びに 来て ください。

(8) 日本の ドラマを たくさん (見る → 　　　　　)ば 日本語が 上手に なります。

(9) (静かだ → 　　　　　)ば 違う 所に 行きましょう。

(10) 四日の チケットが (取れる → 　　　　　)ば 行きます。

2 다음 보기 중 (   ) 안에 들어갈 알맞은 단어를 골라 가능 표현으로 바꾸어 써 넣으세요.

[보기]　乗る　書く　泳ぐ　起きる　読む　作る　する　歌う

(1) 簡単な 漢字が (　　　　　)ます。

(2) 日本の 歌が (　　　　　)ます。

(3) 日本料理が (　　　　　)ます。

(4) 今 出れば 終電に (　　　　　)ます。

(5) 犬の 肉が (　　　　　)ます。

(6) 早く 寝れば 早く （　　　　）ます。

(7) 日本語で 手紙が （　　　　）ます。

(8) テニスが （　　　　）ます。

③ 다음 밑줄 친 우리말을 일본어로 바르게 옮긴 것을 고르세요.

(1) 子供の 時は 辛い 物が <u>먹을 수 없었습니다</u>。
　① 食べました　　　　　　② 食べませんでした
　③ 食べられませんでした　　④ 食べません

(2) あっち <u>가</u>!
　① 行く　　② 行けろ　　③ 行け　　④ 行けろよ

(3) 早く <u>일어나</u>!
　① 起きる　　② 起きろ　　③ 起き　　④ 起け

(4) ドラマが <u>알아들을 수 있도록</u> 頑張って 勉強して います。
　① 聞き取るように　　　　② 聞き取りように
　③ 聞き取れるように　　　④ 聞き取られるように

④ 다음 대화를 읽고, (　) 안에 들어갈 알맞은 말을 써 넣으세요.

山本　真理子ちゃん！ 週末 一緒に 遊びに 行きませんか。
真理子　はい、雨が （　　　　）なければ 行きましょう。
山本　真理子ちゃんは 車の 運転が （　　　　）か。
真理子　いいえ、できないんです。
山本　それじゃ、タクシーで 行きましょう。

201

Memo

제 12 장

동사의 お단을 이용하자.

자, 이제 동사의 마지막 단 お단을 이용하는 표현입니다.
그럼, 어떤 표현이 있는지 함께 알아볼까요?

단어	お단	문형	
休む 가다	休も	う うと 思う	쉬겠다, 쉬자 쉬려고 하다

제12장 01 ~う(よう)
~하자, ~하겠다

[가짐 → 行こう!]

「~う(よう)」는 '~하자, ~하겠다'라는 권유나 의지를 나타내는 표현으로, 청유형의 「~ましょう(~합시다)」의 반말 표현이기도 하구요, 의지형 「(~ます ~하겠습니다)」의 반말이기도 하답니다.

 공식으로 한방에!

그룹	만드는 방법	권유, 의지 (「~う(よう)」)		
1그룹	어미 う단을 お단으로 바꿈 + う	会う 만나다	→	会おう 만나자, 만나겠다
		行く 가다	→	行こう 가자, 가겠다
		泳ぐ 헤엄치다	→	泳ごう 헤엄치자, 헤엄치겠다
		出す 내다	→	出そう 내자, 내겠다
		待つ 기다리다	→	待とう 기다리자, 기다리겠다
		死ぬ 죽다	→	死のう 죽자, 죽겠다
		遊ぶ 놀다	→	遊ぼう 놀자, 놀겠다
		飲む 마시다	→	飲もう 마시자, 마시겠다
		帰る 돌아가(오)다	→	帰ろう 돌아가(오)자, 돌아가(오)겠다
2그룹	어미 「る」를 뗌 + よう	見る 보다	→	見よう 보자, 보겠다
3그룹	무조건 암기	する 하다	→	しよう 하자, 하겠다
		来る 오다	→	来よう 오자, 오겠다

확인도장 꾸~욱!

다음 보기와 같이 동사를 「~う(よう)」형으로 바꾸어 써 보세요.

단어	의미	의지형
〈보기〉 話す	이야기하다	話そう
会う	만나다	
書く	쓰다	
出す	내다	
取る	집다	
忘れる	잊다	
守る	지키다	

술술 말문이 트이는 문장 연습

❶ じゃ、帰ろう。
자, 돌아가(오)자.

❷ じゃ、ちょっと 休もうか。
그럼, 잠시 쉴까?

❸ 美味しそうだから 早く 食べよう。
맛있어 보이니까, 빨리 먹자.

❹ もう 一度 して みよう。
한 번 더 해 보자(한 번 더 해 봐야지).

단어　じゃ 자, 그럼　休む 쉬다　美味しい 맛있다　もう 一度 한 번 더　~て みる ~해 보다

제12장 02 ~う(よう) + と 思う
~하려고 생각하다

[이번 여름에는 일본에 가려고 생각하고 있어요. →
今度の 夏休みには 日本に 行こうと 思って います。]

위의 문장은 일본에 가려고 하는 계획을 말하고 있네요.
이 표현은 '~하려고 생각하다' 즉, 앞으로의 계획을 나타내며 10장의 6에서 살펴 본 「동사의 기본형 + つもりです p182」와 같은 의미의 표현이랍니다.

공식으로 한방에!

단어	접속 형태
行く 가다	行こうと 思って います　　가려고 생각하고 있습니다

▶ 앞으로의 계획을 나타내는 표현에는 여러 가지가 있는데, 그 뉘앙스는 조금씩 다르답니다.

① 日本に 行きます。 일본에 갈 겁니다.
　↳ 가까운 미래만을 표현

② 日本に 行くつもりです。 일본에 갈 생각입니다.
　↳ 일본에 갈 의지가 확고하게 있음을 나타냄

③ 行こうと 思います。 가려고 생각합니다.
　↳ 「つもりです」와 거의 유사한 뜻이지만 일본에 가려는 의지는 「~つもりです」에 비해 약함

④ 日本に 行く予定です。 일본에 갈 예정입니다.
　↳ 일본에 갈 계획이 확정적이라는 의미를 나타냄

▶ 「~と 思います」와 「~と 思って います」의 차이점은 다음과 같습니다.

行こうと 思います。 가려고 생각합니다.
　↳ 일본에 가려고 하는 계획이 지금 세워짐을 나타냄

行こうと 思って います。 가려고 생각하고 있습니다.
　↳ 전부터 일본에 가려고 계속 생각하고 있다는 의미를 나타냄

 확인도장 꾸~욱!

다음 보기 중 빈 칸에 들어갈 알맞은 단어를 골라 의지형으로 바꾸어 쓰세요.

[보기]　出す　頑張る　休む　あげる　辞める　取る

❶ 疲れたから　家で ＿＿＿＿＿と　思って　います。

❷ レポートは　明日 ＿＿＿＿＿と　思って　います。

❸ 田中さんに　プレゼントを ＿＿＿＿＿と　思って　います。

❹ 日本語の　勉強を ＿＿＿＿＿と　思って　います。

❺ 来月　会社を ＿＿＿＿＿と　思って　います。

❻ 夏休み　免許を ＿＿＿＿＿と　思って　います。

 술술 말문이 트이는 문장 연습

❶ これから　止めようと　思います。
이제부터 끊으려고 생각합니다.

❷ 会社が　終わってから　しようと　思って　います。
회사가 끝나고 나서 하려 생각하고 있습니다.

❸ 今度の　誕生日には　お金を　あげようと　思って　います。
이번 생일에는 돈을 주려 생각하고 있습니다.

 단어
これから 이제부터　止める 끊다　終わる 끝나다　～てから ～하고 나서
誕生日 생일　あげる 주다(내가 남에게 무언가를 줄 때 사용)

실력 쑥쑥 문제가 떴다!

1 다음 공손체 문장을 반말체로 바꾸어 써 보세요.

(1) 家に 帰りましょう。　　　　→ 家に _____
(2) 一緒に 食べましょう。　　　→ 一緒に _____
(3) 新しい 単語を 覚えましょう。 → 新しい 単語を _____
(4) いい 環境を 作りましょう。　 → いい 環境を _____
(5) 日本語で 話しましょう。　　 → 日本語で _____
(6) 毎日 練習しましょう。　　　→ 毎日 _____
(7) きれいに 洗いましょう。　　→ きれいに _____
(8) じゃ、走りましょう。　　　　→ じゃ、_____

2 다음 보기 중 ( ) 안에 들어갈 단어를 골라 문장에 맞도록 알맞게 고쳐 쓰세요.

[보기] 行く　　会う　　覚える　　送る　　あげる　　する　　出す

(1) ダイエットの ために 運動を (　　　)と 思って います。
(2) 週末は 友だちに (　　　)と 思って います。
(3) 恋人に プレゼントで 香水を (　　　)と 思って います。
(4) 母が 入院して いるから お見舞いに (　　　)と 思って います。
(5) 宿題は 来週 (　　　)と 思って います。
(6) 日本語が 上手に なるように 新しい 単語を たくさん (　　　)と 思って います。
(7) 日本に 住んで いる 姉に のりを (　　　)と 思って います。

제 13 장

수수 표현

수수 표현이란, 물건을 주고 받거나 어떤 행위를 해 주거나 받는 것을 나타내는 표현입니다. 일본어에서 '주다'라는 의미의 동사는 내가 남에게 주는 것과 남이 나에게 주는 것이 구별되어 사용되기 때문에 주의가 요구됩니다.
그럼, 이제부터 수수 표현에 대해 더욱 자세히 살펴 볼까요?

- 나(남)은 남에 물건을 あげる / さしあげる
- 나(남)은 남에 행위을 ～て あげる / ～て さしあげる
- 남 은 나(내 쪽 사람)に 물건을 くれる / くださる
- 남 은 나(내 쪽 사람)に 행위을 ～て くれる / ～て くださる
- 받는 사람 은 주는 사람 に(から) もらう / いただく
- 받는 사람 은 주는 사람 に(から) 행위를 ～て もらう / ～て いただく

제13장 01 あげる / さしあげる
주다 / 드리다

[저는 가끔 어머니에게 용돈을 드립니다. →
私(わたし)は 時々(ときどき) 母(はは)に お小遣(こづか)いを あげます。]

이 표현은 내가 남에게 또는 남이 남에게 물건을 줄 때 사용하는 표현이랍니다.

 공식으로 한방에!

나(남) は 남 に 물건 を あげる / さしあげる

▶ '내가 남에게 또는 남이 남에게 물건을 준다'라는 의미를 나타냅니다.
　私(わたし)は 友(とも)だちに プレゼントを あげました。　　저는 친구에게 선물을 주었습니다.
　田中(たなか)さんは ひろし君(くん)に ネクタイを あげました。
　다나카 씨는 히로시 군에게 넥타이를 주었습니다.

▶ 어린 아이나 동물, 식물에게 무언가를 줄 때는 「やる」라는 표현을 쓰기도 합니다.
　私(わたし)は 犬(いぬ)に 餌(えさ)を やりました。　　　　저는 개에게 먹이를 주었습니다.

▶ 손윗 사람이나 직장상사에게 무언가를 줄 때는 「さしあげる」를 사용합니다. 하지만 자신의 부모님은 자신에게 속한 존재라서 높이지 않기 때문에 「さしあげる」라고 하지 않고, 「あげる」라고 합니다.
　私(わたし)は 母(はは)に プレゼントを あげました。　　저는 어머니에게 선물을 주었습니다.
　私(わたし)は 先生(せんせい)に 花(はな)を さしあげました。　　저는 선생님에게 꽃을 드렸습니다.

 **확인도장 꾸~욱!**

다음 보기와 같이「あげる / さしあげる」를 이용해서 우리말에 맞도록 일본어로 써 보세요.

물건의 이동			あげる / さしあげる
〈보기〉 私 나	(お金) 돈 →	父 아버지	나는 아버지에게 돈을 드렸습니다. → 私は 父に お金を あげました。
私 나	(化粧品) 화장품	先生 선생님	나는 선생님에게 화장품을 드렸습니다. →
私 나	(香水) 향수 →	恋人 애인	나는 애인에게 향수를 주었습니다. →
私 나	(のり) 김 →	三木さん 미키 씨	나는 미키 씨에게 김을 주었습니다. →

 **술술 말문이 트이는 문장 연습**

❶ 私は 毎月 両親に 10万円を あげます。
나는 매달 부모님께 10만 엔을 드립니다.

❷ 私は 彼に 何も あげませんでした。
나는 그 사람에게 아무것도 주지 않았습니다.

❸ この 前の 先生の 日に 私は 先生に 花束を さしあげました。
요전 스승의 날에 나는 선생님께 꽃다발을 드렸습니다.

 毎月 매달　親 부모님　何も 아무것도　先生の 日 스승의 날　花束 꽃다발

제13장 02 ～て あげる / ～て さしあげる
～해 주다 / ～해 드리다

[나는 가끔 어머니에게 옷을 사 드립니다. →
私は 時々 母に 服を 買って あげます。]

본인이 엄마를 위해서 옷을 사드리는 행위를 했다는 것이지요. 이 표현은 내가 남에게 또는 남이 남에게 친절 행위를 해 준다는 의미를 나타내는 표현이랍니다.

 공식으로 한방에!

▶ 내가 남에게 또는 남이 남에게 어떤 좋은 일을 해 준다는 의미로 사용됩니다. 이 때 동사에 따라 대상을 나타내는 조사가 다르므로 주의해야 합니다.

私は 時々 母に 服を 買って あげます。　　나는 가끔 엄마에게 옷을 사 줍니다.
私が 弟を 病院に 連れていって あげました。　내가 남동생을 병원에 데려가 주었습니다.
　　↳ 이 동사들은 해주는 대상을 조사「を」로 나타낸답니다.
　　　送る　助ける　誘う　待つ　連れていく

私が 田中さんの 荷物を 持って あげました。　나는 다나까 씨의 짐을 들어 주었습니다.
　　↳ 이 동사들은 해주는 대상을 소유물과 함께 나타내야 한답니다.
　　　持つ　手伝う　運ぶ　洗う

▶ 무거운 물건을 들고 있는 사람에게 '제가 들어 드릴까요?'라고 의향을 물을 때 「～て さしあげましょうか」의 표현을 사용하면 실례가 된답니다. 그 이유는 '제가 좋은 일을 해 드릴까요?'라고 묻는 것처럼 들릴 수 있기 때문입니다. 이런 경우에는 「～ましょうか」 또는 「お + 동사의 ます형 + しましょうか」의 표현을 써야 합니다.

重そうですね。私が 持って さしあげましょうか。(X)
→ 重そうですね。私が お持ちしましょうか。(O) 무거워 보이네요. 제가 들어드릴까요?

확인도장 꾸~욱!

다음 보기와 같이 「~て あげる / ~て さしあげる」를 사용해서 우리말에 맞도록 일본어로 써 보세요.

행위의 이동			~て あげる / ~て さしあげる
〈보기〉 私 나	(服を 買う) 옷을 사다 →	姉 언니	나는 언니에게 옷을 사 주었습니다. → 私は 姉に 服を 買って あげました。
私 나	(料理を 作る)隣の 요리를 만들다 →	お祖母さん 옆집 할머니	나는 옆집 할머니에게 요리를 만들어 드렸습니다. →
私 나	(お金を 貸す) 돈을 빌려주다 →	友だち 친구	나는 친구에게 돈을 빌려주었습니다. →
私 나	(仕事を 手伝う) 일을 돕다 →	同僚 동료	나는 동료의 일을 도와주었습니다. →

술술 말문이 트이는 문장 연습

❶ アメリカに いる 恋人に 香水を 送って あげました。
미국에 있는 애인에게 향수를 보내 주었습니다.

❷ 私は 恋人を 家まで 送って あげました。
나는 애인을 집까지 바래다 주었습니다.

❸ 私は 時々 同僚の ために 仕事を 手伝って あげます。
저는 가끔 동료를 위해서 일을 도와줍니다.

~に いる ~에 있다   香水 향수   送る 보내다, 배웅하다   同僚 동료
手伝う 돕다

제13장 03 くれる / くださる
주다 / 주시다

[친구가 나에게 주었습니다. → 友だちが 私に くれました。]

위 문장은 친구가 나에게 물건을 주었다는 것을 나타내고 있죠.
이 표현은 앞(13장의 1)에서 배운 「あげる / さしあげる」와는 반대로, 남이 나에게 또는 남이 내 쪽 사람에게 물건을 준다는 뜻을 나타내는 표현이랍니다.

 공식으로 한방에!

남 が 나(내 쪽 사람) に 물건 を くれる / くださる

▶ 남이 나에게 또는 남이 내 쪽 사람(가족, 친구, 동료 등)에게 어떤 물건을 준다는 의미를 나타냅니다.

主人が 私に 指輪を くれました。　　　남편이 나에게 반지를 주었습니다.
恋人が 母に 花を くれました。　　　애인이 (우리) 엄마에게 꽃을 주었습니다.

▶ 손윗사람이나 직장상사 등이 나와 내 쪽 사람에게 무언가를 줄 때는 「くださる」라는 표현을 사용합니다. 참고로, 「くださる」의 ます형은 「くださいます」가 됩니다. 이 표현 또한 나의 부모님은 높이지 않기 때문에 부모님이 나에게 줄 때에는 「くださる」라고 하지 않고 「くれる」라고 합니다.

先生が 私に 本を くださいました。　　　선생님이 나에게 책을 주셨습니다.
卒業祝いで 父が 私に 自転車を くれました。
졸업 축하로 아빠가 나에게 자전거를 주었습니다.

확인도장 꾸~욱!

다음 보기와 같이 「くれる / くださる」를 사용해서 우리말에 맞도록 일본어로 써 보세요.

물건의 이동			くれる / くださる
〈보기〉 恋人 애인	(スカーフ) 스카프 →	母 어머니	애인이 우리 어머니에게 스카프를 주었습니다. → 恋人が 母に スカーフを くれました。
母 어머니	(おこづかい) 용돈 →	私 나	어머니가 나에게 용돈을 주었습니다. →
隣の 奥さん 옆집 사모님	(化粧品) 화장품 →	私 나	옆집 사모님이 나에게 화장품을 주셨습니다. →
友だち 친구	(服) 옷 →	私 나	친구가 나에게 옷을 주었습니다. →

술술 말문이 트이는 문장 연습

❶ 去年の 誕生日に 友だちが 私に 時計を くれました。
작년 생일에 친구가 나에게 시계를 주었습니다.

❷ これは 社長が くださった お酒です。
이것은 사장님이 주신 술입니다.

❸ 田中さんが 日本で 買ってきた お菓子を くれました。
다나카 씨가 일본에서 사온 과자를 주었습니다.

去年 작년   時計 시계   社長 사장(님)   買ってくる 사오다

215

제13장 04 ～て　くれる / ～て　くださる
~해 주다 / ~해 주시다

[어제 신랑이 반지를 사 주었습니다. →
昨日　主人が　私に　指輪を　買って　くれました。]

본인이 산 것이 아니라 신랑이 사 주었으니 자랑할 만하네요.
이처럼 「～て　くれる / ～て　くださる」는 남이 나와 내 쪽 사람을 위해서 친절한 행동을 해 준다는 의미를 나타내는 표현이랍니다.

 공식으로 한방에!

```
남 は(が)   나(내 쪽 사람)  に      ～て　くれる
                          を      ～て　くださる
              の  소유물을
```

▶ 남이 나 또는 내 쪽 사람에게 친절한 행동을 해 준 것에 대한 고마움이 담겨 있는 표현입니다.

主人が　私に　指輪を　買って　くれました。 남편이 나에게 반지를 사 주었습니다.
社長が　私を　駅まで　送って　くださいました。 사장님이 나를 역까지 데려다 주셨습니다.

↳ 이 동사들은 나와 내 쪽 사람을 조사「を」로 나타낸답니다.
　　送る　助ける　誘う　待つ　連れていく

田中さんが　私の　荷物を　運んで　くれました。 다나카 씨가 내 짐을 옮겨 주었습니다.

↳ 이 동사들은 나와 내 쪽 사람과 소유물을 함께 나타낸다.
　　持つ　手伝う　運ぶ　洗う

▶ 남이 나에게 도움을 준 것에 대한 답례 인사로 사용하기도 합니다.

先生！　教えて　くださって　ありがとうございます。 선생님! 가르쳐 주셔서 감사합니다.

확인도장 꾸~욱!

다음 보기와 같이 「～て　くれる / ～て　くださる」를 이용해서 우리말에 맞도록 일본어로 써 보세요.

물건의 이동			～て　くれる / ～て　くださる
〈보기〉 友だち 친구	(宿題を　手伝う) 숙제를 돕다 →	私 나	친구가 내 숙제를 도와 주었습니다. → 友だちが　私の　宿題を　手伝って　くれました。
恋人 애인	(家まで　送る) 집까지 데려다 주다 →	私 나	애인이 나를 집까지 바래다 주었습니다. →
先輩 선배	(お昼を　おごる) 점심을 사다 →	私 나	선배가 나에게 점심을 사 주었습니다. →
先生 선생님	(作文を　見る) 작문을 보다 →	私 나	선생님이 내 작문을 봐 주셨습니다. →

술술 말문이 트이는 문장 연습

❶ 「ばか」と　いう　言葉は　三木さんが　教えて　くれました。
'바보'라는 말은 미키 씨가 가르쳐 주었습니다.

❷ 社長が　家まで　送って　くださいました。
사장님이 집까지 데려다 주었습니다.

❸ ご親切に　知らせて　くださって　ありがとうございます。
친절하게 알려 주셔서 감사합니다.

 ばか 바보　知らせる 공지하다, 알리다　送る 보내다, 데려다 주다　ご親切に 친절하게

제13장 05 もらう / いただく
받다 / 하사받다(받다)

[저는 오늘 보너스를 받았습니다. →
私(わたし)は 今日(きょう) ボーナスを もらいました。]

위 문장은 보너스를 받았다는 의미를 나타냅니다. 이처럼 「もらう / いただく」는 (다른 사람으로부터) 받다라는 뜻을 나타내는 표현이랍니다.

공식으로 한방에!

| 받는 사람 は　　주는 사람 に(から)　　もらう / いただく |

▶ 남에게서 물건을 받는다는 것을 나타내는 표현입니다. 이때 조사는 '~에게(~에게서) 받다'라는 형태가 되기 때문에 「に」와 「から」를 모두 사용할 수 있는데, 단체나 회사로부터 받는 경우에는 「から」만 사용 가능하다는 것을 기억해 두세요.

私(わたし)は 田中(たなか)さん(に)から お菓子(かし)を もらいました。
나는 다나카 씨에게서 과자를 받았습니다.

会社(かいしゃ)から ボーナスを もらいました。　　회사로부터 보너스를 받았습니다.

▶ 손윗사람에게서 물건을 받을 때는 「いただく」를 사용해야 합니다.

私(わたし)は 社長(しゃちょう)から ボーナスを いただきました。　나는 사장님에게서 보너스를 받았습니다.

▶ 일본어에서 「くれる」와 「もらう」, 「くださる」와 「いただく」는 같은 의미로 쓰인답니다.

田中(たなか)さんが 私(わたし)に お菓子(かし)を くれました。　　다나카 씨가 나에게 과자를 주었습니다.
＝ 私(わたし)は 田中(たなか)さんに お菓子(かし)を もらいました。　나는 다나카 씨에게 과자를 받았습니다.

확인도장 꾸~욱!

다음 보기와 같이 「もらう / いただく」를 이용해서 우리말에 맞도록 일본어로 써 보세요.

물건의 이동	もらう / いただく
〈보기〉 友だち (時計) 私 친구 시계 나	나는 친구한테서 시계를 받았습니다. → 私は 友だちから 時計を もらいました。
先輩 (お小遣い) 私 선배 용돈 나	나는 선배한테서 용돈을 받았습니다. →
社長 (ボーナス) 私 사장님 보너스 나	나는 사장님으로부터 보너스를 받았습니다. →
先生 (本) 私 선생님 책 나	나는 선생님에게서 책을 받았습니다. →

술술 말문이 트이는 문장 연습

❶ 私は 今も 母から お小遣いを もらって います。
나는 지금도 어머니한테서 용돈을 받고 있습니다.

❷ 私も もらいたいんですが、どう すれば いいですか。
저도 받고 싶은데, 어떻게 하면 됩니까?

❸ これは 田中先生から いただいた 本です。
이것은 다나카 선생님한테서 받은 책입니다.

お小遣い 용돈   これ 이것   どう すれば 어떻게 하면

제13장 **06** ～て もらう / ～て いただく
～해 받다(해 주다) / ～해 하사받다(～해 주시다)

[저는 남편한테서 반지를 사 받았습니다. →

私(わたし)は 主人(しゅじん)に 指輪(ゆびわ)を 買(か)って もらいました。]

남편에게서 반지를 사 받았다는 것은 결국 신랑이 나에게 반지를 사 주었다는 의미가 되겠죠. 이처럼 「～て もらう / ～て いただく」는 다른 사람에게서 어떤 친절한 행위를 해 받는다는 뜻을 나타내는 표현이랍니다.

 공식으로 한방에!

| 받는 사람 | は(が) | 주는 사람 | に(から) | ～て もらう ～て いただく |

▶ 남에게서 어떤 행위를 해 받은 것에 대한 고마움을 나타내는 표현입니다. 해석할 때 '～해 받았다'라고 하는 것은 어색하므로, 해석은 '～해 주었다'라고 하는 것이 자연스럽습니다. 또한 13장의 5에서 살펴 본 것처럼 일본어에서는 「～て くれる」와 「～て もらう」, 「～て くださる」와 「～て いただく」는 같은 의미로 쓰인답니다.

私(わたし)は 主人(しゅじん)に 指輪(ゆびわ)を 買(か)って もらいました。　　남편은 (나에게) 반지를 사 주었습니다.
= 主人(しゅじん)は 私(わたし)に 指輪(ゆびわ)を 買(か)って くれました。

先生(せんせい)に 文法(ぶんぽう)を 教(おし)えて いただきました。　　선생님이 (나에게) 문법을 가르쳐 주셨습니다.
= 先生(せんせい)が 私(わたし)に 文法(ぶんぽう)を 教(おし)えて くださいました。

▶ 뉘앙스상 「～て くれる」는 남이 나에게 자연스럽게 해 주는 것을 의미하고, 「～て もらう」는 내가 원해서 해 받은 것이라는 의미가 강하답니다.

확인도장 꾸~욱!

다음 보기와 같이「~て もらう / ~て いただく」를 이용해서 우리말에 맞도록 일본어로 쓰세요.

물건의 이동	~て もらう / ~て いただく
〈보기〉 先輩（家まで 送る）私 선배　　집까지 바래다주다　　나	선배가 집까지 데려다 주었습니다. → 私は 先輩に 家まで 送って もらいました。
母（下着を 洗う）私 어머니　　속옷을 빨다　　나	어머니가 속옷을 빨아 주었습니다. →
先生（日本語を 教える）私 선생님　　일본어를 가르치다　　나	선생님이 일본어를 가르쳐 주셨습니다. →
恋人の お父さん（すしを おごる）私 애인의 아버지　　스시를 사다(한턱 내다)　　나	애인의 아버지가 초밥을 사 주셨습니다. →

술술 말문이 트이는 문장 연습

❶ 恋人に 指輪を 買って もらいました。
애인이 반지를 사 주었습니다.

❷ わざわざ 来て いただいて ありがとうございます。
일부러 와 주셔서 감사합니다.

❸ この 前 送って もらった のりは とても 美味しかったです。
일전에 보내 준 김은 굉장히 맛있었습니다.

指輪 반지　　わざわざ 일부러　　送る 보내다　　のり 김

221

실력 쑥쑥 문제가 떴다!

1 다음의 _____에 들어 갈 말을 고르세요.

(1) 去年の 誕生日に 彼氏から かばんを _____。
① あげました　　　　　　② もらいました
③ くれました　　　　　　④ さしあげました

(2) 卒業式の時 クラスの 皆で 先生に 花束を _____。
① さしあげました　　　　② くださいました
③ くれました　　　　　　④ あげました

(3) 田中さんが 私に 日本の お菓子を _____。
① あげました　　　　　　② くれました
③ あげたいです　　　　　④ くれたいです

(4) この前 社長から _____ 時計が 壊れてしまいました。
① くださった　　　　　　② くださって
③ いただいた　　　　　　④ いただいて

(5) 私は 佐藤さんが 日本に 帰る時、何も _____。
① くれませんでした　　　② くれました
③ あげませんでした　　　④ あげました

(6) 隣の お祖母さんが うちの 娘に 千円を _____。
① さしあげました　　　　② あげました
③ くださいました　　　　④ くれました

2 (　)안의 표현을 알맞게 고치고 해석도 해 보세요.

(1) 私は　田中さんに　キムチの　作り方を　(教える　あげる)ました。
→ _____。
→ _____。

(2) 忙しい　同僚の　ために　仕事を　(手伝う　あげる)ました。
→ _____。
→ _____。

(3) 先輩に　家まで　(送る　もらう)ました。
→ _____。
→ _____。

(4) 弟に　車を　(貸す　あげる)ました。
→ _____。
→ _____。

(5) 中村先生が　生け花を　(教える　くださる)ました。
→ _____。
→ _____。

(6) 友だちが　バイト先を　(紹介する　くれる)ました。
→ _____。
→ _____。

(7) 先生に　宿題を　(チェックする　いただく)ました。
→ _____。
→ _____。

Memo

제14장

존경과 겸양 표현

'선생님이 갑니다'와 '선생님이 가십니다'의 차이점을 아시겠죠? 앞 문장은 공손한 말이고, 뒤의 문장은 존경을 나타냅니다.

일본어의 존경 표현에는 두 가지가 있답니다. 하나는 상대방의 행위를 높여서 표현하는 존경어가 있고, 반대로 자신의 행동을 낮춰서 상대를 높이는 겸양어가 있답니다. 그럼, 이제부터 존경 표현과 겸양 표현에 대해 자세히 배워 볼까요?

존경 표현
- お + ます형 + に なる　　　(お(ご)명사 + なさる)
- お + ます형 + ください　　(お(ご)명사 + ください)

겸양 표현
- お + ます형 + する(致す)　　(お(ご)명사 + する(致す))

제14장 01 존경 표현
~하시다

[선생님이 가십니다. → 先生が いらっしゃいます。]

위의 문장은 선생님이 가는 행동을 높여서 말하고 있죠? 이처럼 상대방의 행동을 높여서 상대방에게 경의를 표하는 것을 존경 표현이라고 합니다.

 공식으로 한방에!

▶ 특수 존경어는 정해져 있는 표현이므로, 무조건 암기해야 합니다.

보통어		특수 존경어		정중형
行く・来る	가다・오다	いらっしゃる	가시다・오시다	いらっしゃいます
いる	있다	いらっしゃる	계시다	いらっしゃいます
する	하다	なさる	하시다	なさいます
言う	말하다	おっしゃる	말씀하시다	おっしゃいます
くれる	주다	くださる	주시다	くださいます
見る	보다	ご覧に なる	보시다	ご覧に なります
食べる・飲む	먹다・마시다	召し上がる	드시다	召し上がります
知って いる	알고 있다	ご存じだ	알고 계시다	ご存じです

▶ 특수 존경어 이외의 동사는「お + 동사의 ます형 + に なる」의 형태로 만듭니다.

お帰りに なります。 돌아가십니다.

お買いに なります。 사십니다.

お待ちに なります。 기다리십니다.

▶ 명사 자체를 높여서 존경 표현을 만들 수 있습니다. 만드는 방법은 한자어 앞에는「ご」를 붙이고, 일본 고유어 앞에는「お」를 붙이면 됩니다.

↳ ご를 붙이는 명사

| ご紹介(소개) | ご案内(안내) | ご連絡(연락) | ご一緒(함께) | ご講義(강의) |
| ご持参(지참) | ご住所(주소) | ご注意(주의) | | |

↳ お를 붙이는 명사

| お勉強(공부) | お電話(전화) | お料理(요리) | お仕事(일, 직업) | お年(나이) |
| お名前(성함) | お休み(휴일) | お食事(식사) | | |

▶「～れる / られる」를 붙여서 나타내는 존경어는 다음과 같습니다. 즉, 일본어의 모든 동사는 1개의 동사가 [특수 존경어 / お+ます형+に なる]로 나타내는 존경 표현과「～れる / られる」를 접속시켜서 만드는 존경 표현 이렇게 2가지의 존경 표현을 나타낸다는 것입니다.

行く(가다)   → 行かれる = いらっしゃる(가시다)

言う(말하다) → 言われる = おっしゃる(말씀하시다)

買う(사다)   → 買われる = お買いに なる(사시다)

그룹	만드는 방법	예
1그룹	어미 う단을 あ단으로 바꿈 + れる	行く (가다) → 行かれる (가시다)
2그룹	어미 る를 뗌 + られる	食べる (먹다) → 食べられる (드시다)
3그룹	무조건 암기하기	する (하다) → される (하시다) 来る (오다) → 来られる (오시다)

1. 다음 보기와 같이 우리말에 맞도록 존경 표현으로 바꾸어 쓰세요.

단어	의미	존경어(~하시다)	
〈보기〉 食べる	먹다	드셨습니까?	→ 召し上がりましたか
勉強する	공부하다	공부하셨습니까?	→
電話番号を 知っている	전화번호를 알고 있다	전화번호는 알고 계십니까?	→
お宅に いる	댁에 있다	댁에 계십니까?	→
行く	가다	어디에 가십니까?	→

2. 다음 보기와 같이 존경 표현「お + ます형 + に なる」문형으로 우리말에 맞도록 바꾸어 쓰세요.

단어	의미	존경 표현(お + 동사의 ます형 + に なる)	
〈보기〉 読む	읽다	읽으십니다	→ お読みに なります
戻る	되돌아가다	되돌아가십니다	→
話す	이야기하다	이야기하셨습니다	→
聞く	듣다	들으셨습니다	→
待つ	기다리다	기다리고 계십니다	→
使う	사용하다	사용하고 계십니다	→
休む	쉬다	쉬고 계십니다	→
作る	만들다	만드셨습니다	→

술술 말문이 트이는 문장 연습

❶ いつ いらっしゃいますか。
언제 가십니까?

❷ 田中先生が いらっしゃいました。
다나카 선생님이 오셨습니다.

❸ どうぞ 召し上がって ください。
어서 드세요.

❹ 時々 お料理 なさいますか。
가끔 요리를 하십니까?

❺ お宅には 何時に お帰りに なりましたか。
댁에는 몇 시에 돌아가셨습니까?

❻ 今度の 件に ついて お聞きに なりましたか。
이번 일에 대해서 들으셨습니까?

단어 いらっしゃる 가시다・오시다・계시다   どうぞ 무언가를 권할 때 쓰는 표현   召し上がる 드시다
お料理 요리   お宅 댁   ~に ついて ~에 대해서

제14장 02 お + 동사의 ます형 + ください /
お(ご) + する가 붙는 명사 + ください
~해 주세요

[잠시 기다려 주세요. → 少々 お待ち ください。]

손님에게 기다려 달라고 정중하게 말하고 있는 느낌이죠.
이 표현은 「~て ください(~해 주세요)」보다 좀더 공손함을 나타내는 표현이랍니다.

 공식으로 한방에!

▶ 앞에서 살펴본 「~て いただけませんか」처럼 「~て ください」의 공손한 표현입니다.

① 帰って ください。 돌아가 주세요. 〈가벼운 명령의 느낌〉
② お帰り ください。 돌아가 주세요. 〈정중한 명령, 부탁의 느낌〉
③ 帰って いただけませんか。 돌아가 주시지 않겠습니까?
〈공손한 표현이지만, 자신의 필요에 의해 부탁하고 있는 느낌〉

▶ 특수 존경어는 그 자체로 존경을 나타내기 때문에 「お+ます형+ください」로 나타내지 않고 그냥 「~て ください」로 나타냅니다.
いらっしゃる (가시다・오시다・계시다) → いらっしゃって ください

   단, 「召し上がる(드시다)」는 「召し上がって ください」와 「お召し上がり ください」양쪽 모두 쓸 수 있습니다.

▶ する가 붙는 명사는 명사 앞에 「お」나 「ご」를 붙인 후 명사 뒤에 ください를 붙입니다.
注意する。 주의하다. → ご注意 ください。 주의해 주세요.
連絡する。 연락하다. → ご連絡 ください。 연락 주세요.

230

확인도장 꾸~욱!

다음 보기와 같이「お(ご)+ください」문형을 이용하여 우리말에 맞도록 일본어로 쓰세요.

단어	의미	~해 주세요	
〈보기〉 書く	쓰다	써 주세요	→ お書きください
かけ直す	다시 걸다	다시 걸어 주세요	→
伝える	전하다	전해 주세요	→
入る	들어가다	들어가 주세요	→
かける	앉다, 걸다	앉아 주세요	→
連絡する	연락하다	연락 주세요	→

술술 말문이 트이는 문장 연습

❶ 少々 お待ち ください。
잠시 기다리세요.

❷ こちらに おかけ ください。
이쪽에 앉으세요.

❸ もう 一度 おかけ直し ください。
한 번 더 다시 걸어 주세요.

❹ ご住所と お名前を お書き ください。
주소와 성함을 적어 주세요.

少々 잠시   かける 걸터앉다, 걸다   もう 一度 한 번 더   かけ直す 다시 걸다
ご住所 주소(「住所」를 높이는 말)

제14장 03 겸양어
～하다, ～해 드리다

[저는 아직 회사에 있습니다. → 私は まだ 会社に 居ります。]

이번에는 자신의 행위를 낮춤으로서 상대를 높이는 표현인 겸양 표현을 배워 볼까요? 겸양 표현 또한 암기를 요구하는 특수 겸양 표현이 있으니까, 꼭 기억해 두세요.

공식으로 한방에!

▶ 특수 겸양어는 무조건 암기해 둡시다.

보통어		겸양어		ます형
行く・来る	가다・오다	参る / 伺う	가다・오다	参ります / 伺います
いる	있다	居る	있다	居ります
ある	있다	ござる	있다	ございます
言う	말하다	申す	말씀드리다	申します
飲む・食べる	마시다・먹다	いただく	마시다・먹다	いただきます
もらう	받다	いただく	받다	いただきます
あげる	주다	さしあげる	드리다	さしあげます
見る	보다	拝見する	보다	拝見します
聞く・訪ねる	묻다・방문하다	伺う	여쭙다, 찾아뵙다	伺います
する	하다	致す	하다	致します
会う	만나다	お目に かかる	만나 뵙다	お目に かかります
知って いる	알고 있다	存じる	알고 있다	存じて います

▶ 특수 겸양어 외의 다른 동사들은 「お + 동사의 ます형 + する(致す)」의 형태로 만듭니다. 이때 해석은 '하겠습니다' 또는 '~해 드리겠습니다'라고 합니다.

お取りします(致します)。 집어 드리겠습니다.
お持ちします(致します)。 들어 드리겠습니다.
お伝えします(致します)。 전해 드리겠습니다.

▶ する가 붙는 명사는 명사 앞에 「お」나 「ご」를 붙이면 됩니다.

電話する。 전화 하다. → お電話します(致します)。 전화 드리겠습니다.
案内する。 안내 하다. → ご案内します(致します)。 안내해 드리겠습니다.
連絡する。 연락 하다. → ご連絡します(致します)。 연락 드리겠습니다.

1. 다음 보기와 같이 우리말에 맞도록 겸양 표현으로 바꾸어 쓰세요.

단어	의미	겸양 표현	
〈보기〉 行く	가다	일본에 갑니다	→ 日本に 参ります
会う	만나다	만나뵈었습니다	→
聞く	듣다, 묻다	여쭤보고 싶습니다	→
金と 言う	김이라고 말하다	김이라고 합니다	→
食べる	먹다	잘 먹겠습니다	→
知って いる	알고 있다	알고 있습니다	→
願う	부탁하다	부탁드립니다	→

233

2. 다음 보기와 같이 「お + 동사의 ます형 + する(致す)」의 문형을 이용하여 우리말에 맞도록 일본어로 쓰세요.

단어	의미	~해 드리다	「お + 동사의 ます형 + する(致す)」
持つ	들다, 가지다	들어 드리겠습니다	→ お持ちします (致します)
呼ぶ	부르다	불러 드리겠습니다	→
手伝う	돕다	도와 드리겠습니다	→
伝える	전하다	전해 드리겠습니다	→
送る	보내다	보내 드리겠습니다	→

술술 말문이 트이는 문장 연습

❶ 韓国から 参りました 金と 申します。
한국에서 온 김이라고 합니다(말씀 드립니다).

❷ 今 近くに おりますので、すぐ 伺います。
지금 근처에 있으니까, 바로 찾아뵙겠습니다.

❸ ちょっと 伺いたい ことが あるんですけど、よろしいですか。
좀 여쭤 보고 싶은 것이 있는데, 괜찮으십니까?

❹ すぐ お持ちしますので、少々 お待ち ください。
바로 가져올 테니까, 잠시만 기다려 주세요.

❺ 田中先生が お戻りに なったら お伝え します。
다나카 선생님이 돌아오시면 전해 드리겠습니다.

参る 가다·오다   **~と 申す** ~라고 말씀드리다   **居る** 있다   **すぐ** 바로   **伺う** 여쭙다
よろしい 좋다(「いい(좋다)」의 존경어)   **伝える** 전하다

실력 쑥쑥 문제가 떴다!

1 다음 중 짝이 맞지 않은 표현을 고르세요.

(1) a) 行く – いらっしゃる   b) 飲む – 召し上がる
    c) いる – ご覧になる   d) する – なさる

(2) a) いる – 参る   b) 来る – 参る
    c) 言う – 申す   d) 聞く – 伺う

2 다음 三木先生의 하루 일과를 보며 존경 표현을 적어 보세요.

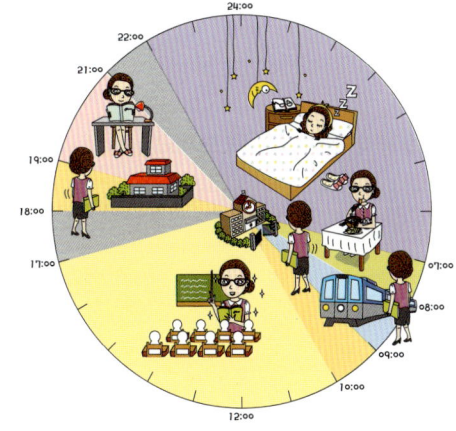

(1) 7시: ご飯を 食べる   → _____

(2) 8시: 電車に 乗る   → _____

(3) 9시: 学校に 行く   → _____

(4) 10시 ~ 5시: 講義 する   → _____

(5) 6시: 家に 帰る   → _____

(6) 7시 ~ 9시: 本を 読む   → _____

(7) 10시: 休む   → _____

실력쑥쑥 문제가 떴다!

3 다음 표현을 정중한 표현으로 바꿔 보세요.

(1) 入（はい）って ください → _____

(2) 呼（よ）んで ください → _____

(3) 書（か）いて ください → _____

(4) かけて ください → _____

(5) 作（つく）って ください → _____

4 다음의 질문에 겸양 표현을 이용해서 답해 보세요.

(1) A: お名前（なまえ）は 何（なん）と おっしゃいますか。
　　B: 金（きん）と _____。

(2) A: 今（いま） どこに いらっしゃいますか。
　　B: 今（いま） 学校（がっこう）に _____。

(3) A: お送（おく）りした 物（もの）は ご覧（らん）に なりましたか。
　　B: はい、 _____。

(4) A: キョンジュという 所（ところ）は ご存（ぞん）じですか。
　　B: はい、 _____。

부록

확인도장 꾸욱 & 실력 쑥쑥 문제가 떴다! 정답

확인도장 꾹꾹 & 실력 쑥쑥 문제가 떴다! 정답

15

一時(いちじ)じゃ ありません

週末(しゅうまつ)です

本(ほん)じゃ ありませんでした

五万円(ごまんえん)でした

誰(だれ)ですか

17-1

心配(しんぱい)だ

これじゃ ない

時計(とけい)じゃ なかった

警察官(けいさつかん)だ

夏(なつ)だった

17-2

休(やす)みじゃ なかった

十時(じゅうじ)だった

携帯電話(けいたいでんわ)だ

服(ふく)じゃ ない

風邪(かぜ)だった

コーヒーだった

病気(びょうき)だ

20

休(やす)みだった 会社(かいしゃ)

風邪(かぜ)の 時(とき)

病気(びょうき)じゃ なかった 時(とき)

２５才(さい)の 時(とき)

高校生(こうこうせい)じゃ ない 人(ひと)

21

① 2 4 4 1

② 3 2 2 3

③ 3 2

④ 何時(なんじ) いつ いくら いくつ

⑤ (1)① (2)③ (3)④

　 (4)②

⑥ (1) いいえ、韓国人(かんこくじん)じゃ ありません

238

（2）先生です

（3）田中さんのです

（4）いいえ、土曜日じゃ ありません
　　（水曜日です）

27

真面目じゃ ありません

おしゃれです

上手じゃ ありませんでした

便利です

きれいでした

29-1

真面目だった

暇じゃ なかった

親切だった

有名じゃ ない

嫌いだった

ハンサムじゃ なかった

29-2

真面目じゃ ない

親切じゃ なかった

大変だ

賑やかだった

上手じゃ ない

幸せだった

素敵じゃ なかった

32

簡単な 漢字

歌が 上手な 人

元気じゃ なかった 時

大変な 一日

交通が 便利な 所

幸せな 夫婦

33

① 4

② 3

③ 2

④ （1）④ （2）② （3）③ （4）①

⑤ 3 2 3 2 3

⑥ じゃ ありません

　 な

　 ですか

　 でした

　 じゃ ない

　 な

　 でした

　 な

39

よかったです

痛いです

楽しく ありませんでした

優しかったです

涼しいです

怖く ありませんでした

重いです

暖かく ありません

寂しかったです

42-1

難しく ない

忙しかった

暑く なかった

悪かった

近く ない

遅い

42-2

痛く ない

よく なかった

強い

嬉しく なかった

寒く ない

速い

軽く ない

汚かった

45

面白く なかった 映画

よく ない 天気

忙しかった 人

多い 車

かわいい 人

嬉しい こと

46

① (1) ③ (2) ② (3) ① (4) ④

② 暖かい

　暑い

　涼しい

　寒い

　速い

　辛い

　厳しい

　固い

　冷たい

　長い

③ 2　2　3　2　3　2

④ ですか

　い

　かったですか

　面白く ありませんでした

　高く ありません

　痛く ありません

　優しく ない

　よかったです

53

1ユ룹　買いませんでした

2ユ룹　教えました

3ユ룹　しませんでした

1ユ룹　出しました

1ユ룹　死にます

1ユ룹　帰りません

1ユ룹　ありません

2ユ룹　食べませんでした

60-1

作らない

ない

来ない

書かない

話さない

開けない

食べない

60-2

知らない

買わない

待たない

しない

聞かない

教えない

63-1

待った

行った

遊んだ

着た

話した

した

いた

63-2

走った

あった

来た

休んだ

入った

教えた

使った

67-1

ある	あった	なかった
かける	かけない	かけなかった
話す	話した	話さない
習う	習わない	習わなかった
呼んだ	呼ばない	呼ばなかった

食べる　食べた　食べなかった
来た　来ない　来なかった

67-2

会った

教えない

降らない

送らなかった

する

知らない

出る

着いた

70

東京に　ある　店

東京に　いる　姉

来なかった　人

終わった　後

時間がない　人

会った　人

71

① 3　1　4　1　4

② 3　2　1　1　1　2

③ 飲まない

行く　行った　行かなかった

来る　来ない　来なかった

見る　見た　見ない

④ 3　2　3　1　4　1

⑤ 高校の　時の　友だちに　会いました。

吸いません。

三年前(に　止めました)。

いいえ、行きませんでした。

映画を　見て　お酒を　飲みました。

94

① きれいだ

降る

風邪の

行か　ない

した

便利な

243

帰(かえ)った

人形(にんぎょう)

受(う)かる

② (1) ③　(2) ①　(3) ②
　　(4) ⑤　(5) ④

③ 2

④ した

痛(いた)い

ない

悪(わる)かった

美味(おい)しく　ない

甘(あま)く　ない

⑤ まるで

どうも

たぶん

⑥ *주관적인 추측이라 답은 여러 개일 수 있다.

忙(いそが)しい

ダイエットを　している

何(なに)か　あった

安(やす)い

102

食(た)べて	食(た)べて	食(た)べなくて
優(やさ)しくて	優(やさ)しくて	優(やさ)しくなくて
真面目(まじめ)で	真面目(まじめ)で	真面目(まじめ)じゃなくて
買(か)って	買(か)って	買(か)わなくて
あって	あって	なくて
して	して	しなくて
暗(くら)くて	暗(くら)くて	暗(くら)くなくて
書(か)いて	書(か)いて	書(か)かなくて
休(やす)みで	休(やす)みで	休(やす)まなくて
わかって	わかって	わからなくて
小(ちい)さくて	小(ちい)さくて	小(ちい)さくなくて
簡単(かんたん)で	簡単(かんたん)で	簡単(かんたん)じゃなくて
よくて	よくて	よくなくて
来(き)て	来(き)て	来(こ)なくて

118

① 起(お)き　浴(あ)び　食(た)べ　行(い)っ

② 覚(おぼ)え

　持(も)っ

　帰(かえ)っ

読ん

晴れ

かけ

かぶっ

撮っ

教え

③ 本を 読んでいます

いいえ、かけて いません

いいえ、食べて いません

④ 落ちて

開いて

ついて

⑤ つけて

あります

閉めて

⑥ 2

⑦ いいえ、写真を 撮っては いけません

いいえ、たばこを 吸っては いけません

はい、質問を しても いいです

⑧ 家に 帰って ゆっくり 休んで ください

日本に 一度 行ってみました

姉は 今 アメリカに 住んで います

ペンで 書いても いいですか

もう 彼に 言って しまいました

130

① 飲ん　食べ

見　飲ん

し　聞い

② 3　1　2

③ 始めた

食べた

着いた

④ よかっ

降らなかっ

あっ

男の 人だっ

終わっ

⑤ 吸わない ほうが いいです

食べない ほうが いいです

飲んだ ほうが いいです

した ほうが いいです

つけた ほうが いいです

144-1

子供(こども)に 汚(よご)される

犬(いぬ)に 噛(か)まれる

社長(しゃちょう)に 呼(よ)ばれる

弟(おとうと)に 殴(なぐ)られる

雨(あめ)に 降(ふ)られる

先生(せんせい)に 叱(しか)られる

母(はは)に ほめられる

母(はは)に 見(み)られる

田中(たなか)さんに 差別(さべつ)される

お客(きゃく)さんに 来(こ)られる

友(とも)だちに 壊(こわ)される

色々(いろいろ) 言(い)われる

弟(おとうと)に 食(た)べられる

彼(かれ)に ふられる

どろぼうに 入(はい)られる

あかちゃんに 泣(な)かれる

友(とも)だちに いじめられる

145-2

盗(ぬす)まれました

ふられました

壊(こわ)されました

叱(しか)られました

招待(しょうたい)されました

殴(なぐ)られました

148-1

習(なら)わせる

書(か)かせる

困(こま)らせる

待(ま)たせる

答(こた)えさせる

お茶(ちゃ)を 入(い)れさせる

心配(しんぱい)させる

148-2

書(か)かせ

困(こま)らせ

怒らせ

149-3

早く　帰らせて　いただけませんか

担当させて　いただけませんか

明日　一日　休ませて　いただけませんか

151-1

手伝わせられる（手伝わされる）

待たせられる（待たされる）

片付けさせられる

食べさせられる

させられる

来させられる

152-2

飲ませられ（飲まされ）

待たせられ（待たされ）

払わせられ（払わされ）

153

① し

食べ

書か

飲ま

読ま

起き

消さ

入れ

② 叱られ

噛まれ

ふられ

殴られ

ほめられ

③ 洗わせ　洗わせられ（洗わされ）

歌わせ　歌わせられ（歌わされ）

入れさせ　入れさせられ

払わせ　払わせられ（払わされ）

食べさせ　食べさせられ

④　1) ①상사가 무리하게 마시게 해서 많이 마셨습니다.

　　　②나는 부하에게 노래를 부르게 하고 동료에게는 춤을 추게 했습니다.

　　2) ①上司は　林さんに　お酒を　飲ませました

　　　②林さんは　上司に　お酒を　飲ませられました（飲まされました）

　　　③歌を　歌わせました

159

住みたいです

習いたく　ありません

休みたかったです

横に　なりたいです

会いたい　人

161

温泉(に　入り)

買い物

恋人に　会い

刺身を　食べ

169-1

よさそうです

美味しく　なさそうです

落ちそうに　ありません

重そうでした

できそうでした

大変じゃ　なさそうでした

170-2

泣きそうな　子供

頭が　よさそうな　子供

面白く　なさそうな　本

厳しそうに　見えます

重そうな　かばん

悲しそうな　顔

幸せそうな　夫婦

171

① 2　4　3　1　3　1　4

② 飲み

　行き

会い
休み
食べ
③ 食べ
見
聞き
吸い
読み
④ 辛
暇
幸せ
降り
眠
高
危なさ
⑤ そうな
そうに
そうな
そうな
そうに

184-1

眠く なったら

よく なって

きれいに なりました

よく 笑うように なりました

185-2

黒く

長く

高く

きれいに

187

三月に なると

右に まがると

道を 渡ると

食べないと

188

① 1　2　1　3　2

② あげる

　行かない

　取る

　する

　買う　買わない

③ 飲む

　食べない

　しない

④ する

　答える

　吸わない

　走らない

　帰る

⑤ 十時に　出発する　予定です。

　はい、行く　予定です。

　温泉に　行く　予定です。

194-1

作ることが　できる　　　作れる

食べることが　できる　　　食べられる

することが　できる　　　できる

話すことが　できる　　　話せる

買うことが　できる　　　買える

覚えることが　できる　　　覚えられる

忘れることが　できる　　　忘れられる

来ることが　できる　　　来られる

歌うことが　できる　　　歌える

聞き取ることが　できる　　　聞き取れる

書くことが　できる　　　書ける

195-2

漢字が　書けません

キムチが　作れません

日本の歌が　歌えます

早く　覚えられません

高校生が　教えられます

傘が　借りられます

明日　来られません

運転が　できません

198-1

すれば

春に なれば

暇ならば

風邪じゃ なければ

降らなければ

来れば

見れば

多ければ

198-2

降らなければ

暇ならば

忙しく なければ

暖かければ

あれば

199-3

インターネットで 買えば 安く 買えます

はちみつを 入れれば 美味しく 作れます

夜遅く 食べなければ やせられます

200

① あれ

嫌なら

なけれ

すれ

行け

よけれ

忙しく なけれ

見れ

静かなら

取れれ

② 読め

歌え

作れ

乗れ

食べられ

起きられ

書け

でき

③ 3　3　2　3

④ 降ら

できます

205

会おう

書こう

出そう

取ろう

忘れよう

守ろう

207

休もう

出そう

あげよう

頑張ろう

辞めよう

取ろう

208

① 帰ろう

　食べよう

　覚えよう

　作ろう

　話そう

　練習しよう

　洗おう

　走ろう

② しよう

　会おう

　あげよう

　行こう

　出そう（しよう도 가능）

　覚えよう

　送ろう

211

私は 先生に 化粧品を さしあげました。

私は 恋人に 香水を あげました。

私は 三木さんに のりを あげました。

213

私は 隣の お祖母さんに 料理を 作って さしあげました。

私は 友だちに お金を 貸して あげました。
私は 同僚の 仕事を 手伝って あげました。

215

母が 私に お小遣いを くれました。
隣の 奥さんが 私に 化粧品を くださいました。
友だちが 私に 服を くれました。

217

恋人は 私を 家まで 送って くれました。
先輩が 私に ご飯を おごって くれました。
先生が 私の 作文を 見て くださいました。

219

私は 先輩に お小遣いを もらいました。
私は 社長から ボーナスを いただきました。
私は 先生から 本を いただきました。

221

私は 母に 下着を 洗って もらいました。

私は 先生に 日本語を 教えて いただきました。
私は 恋人の お父さんに すしを おごって いただきました。

222

① 2 1 2 3 3 3

② 私は 田中さんに キムチの 作り方を <u>教えて あげました</u>
나는 다나카 씨에게 김치 만드는 법을 가르쳐 주었습니다.

忙しい 同僚の ために 仕事を <u>手伝って あげました</u>
바쁜 동료를 위해서 일을 도와 주었습니다.

先輩に 家まで <u>送って もらいました</u>
선배가 집까지 데려다 주었습니다.

弟に 車を <u>貸して もらいました</u>
남동생에게 차를 빌려 주었습니다

中村先生が 生け花を <u>教えて ください</u>ました
나카무라 선생님이 꽃꽂이를 가르쳐 주셨습니다.

友だちが バイト先を <u>紹介して くれました</u>
친구가 아르바이트 자리를 소개해 주었습니다.

先生に 宿題を <u>チェックして いただき</u>ました
선생님이 숙제를 체크해 주셨습니다.

228-1

お勉強なさいましたか

電話番号を ご存じですか

お宅に いらっしゃいますか

どちらに いらっしゃいますか

228-2

お戻りに なります

お話しに なりました

お聞きに なりました

お待ちに なって います

お使いに なって います

お休みに なって います

お作りに なりました

231

おかけなおし ください

お伝え ください

お入り ください

おかけ ください

＊ご連絡 ください

233-1

お目に かかりました（お会い しました）

伺いたいです

金と 申します

いただきます

存じて おります

お願いします

234-2

お呼び します（致します）

お手伝い します（致します）

お伝え します（致します）

お送り します（致します）

235

① c a

② ご飯を 召し上がります

電車に お乗りに なります

学校に いらっしゃいます

ご講義 なさいます

お宅に お帰りに なります

本を　お読みに　なります

　　　お休みに　なります

③　お入り　ください

　　　お呼び　ください

　　　お書き　ください

　　　おかけ　ください

　　　お作り　ください

④　申します

　　　おります

　　　拝見しました

　　　存じて　おります

저자 박 나리
일본 中央大学 문학부 졸업
前 시사일본어학원 교수부장
現 시사일본어학원 인텐시브 베이직 동영상 브릿지 동영상 등
　　다수의 동영상 강의와 기업체, 학교 강의
現 EBS 카드일본어 동영상 강의
저서　EASY ICHIBAN 日本語 (시사일본어사)
　　　착!붙는 여행 일본어 (시사일본어사)

나리쌤의 플러스알파 일본어문법

초판발행	2010년 7월 5일
1판 8쇄	2019년 10월 25일
저자	박나리
책임편집	서대종, 조은형, 신명숙, 무라야마 토시오, 김지은
펴낸이	엄태상
마케팅	이승욱, 오원택, 전한나, 왕성석
온라인 마케팅	김마선, 김제이
경영기획	마정인, 조성근, 김수진, 김예원, 김다미, 전태준, 오희연
물류	유종선, 정종진, 최진희, 윤덕현, 신승진
펴낸곳	시사일본어사(시사북스)
주소	서울시 종로구 자하문로 300 시사빌딩
주문 및 교재 문의	1588-1582
팩스	(02)3671-0500
홈페이지	www.sisabooks.com
이메일	book_japanese@sisadream.com
등록일자	1977년 12월 24일
등록번호	제300 - 1977 - 31호

ISBN 978-89-402-9034-7 13730

* 이 교재의 내용을 사전 허가 없이 전재하거나 복제할 경우 법적인 제재를 받게 됨을 알려드립니다.
* 잘못된 책은 구입하신 서점에서 교환해드립니다.
* 정가는 표지에 표시되어 있습니다.